W0198100

rowohlts monographien herausgegeben von Kurt Kusenberg

Paul Tillich

in Selbstzeugnissen
und Bilddokumenten
dargestellt von
Gerhard Wehr

rowohlts bildmonographien

Rowohlt

Dieser Band wurde eigens für «rowohlts monographien» geschrieben
Den Anhang besorgte der Autor
Herausgeber: Kurt Kusenberg · Redaktion: Beate Möhring
Schlußredaktion: K. A. Eberle
Umschlagentwurf: Werner Rebhuhn
Vorderseite: Paul Tillich in Harvard.
Rückseite: Paul Tillich als Feldprediger im Ersten Weltkrieg
(Beide Vorlagen: Sammlung Renate Albrecht, Düren)

Veröffentlicht im Rowohlt Taschenbuch Verlag GmbH,
Reinbek bei Hamburg, Februar 1979
Copyright © 1979 by Rowohlt Taschenbuch Verlag GmbH,
Reinbek bei Hamburg
Alle Rechte an dieser Ausgabe vorbehalten
Satz Times (Linotron 505 C)
Gesamtherstellung Clausen & Bosse, Leck
Printed in Germany
680-ISBN 3 499 50274 7

Inhalt

Paul Tillich in New York.
Im Hintergrund die Riverside Church, Sommer 1948

Was uns unbedingt angeht

«Wir saßen im obersten Stockwerk eines Hochhauses am Rande der Stadt (Hamburg) und unterhielten uns darüber, wie der Mensch sich wandle und wie sich die christliche Verkündigung entsprechend zu wandeln habe und ob in unseren Tagen vielleicht das Ende der Religion gekommen sei. Da sagte Paul Tillich nach einer Pause nachdenklichen Schweigens: *Denken Sie einmal an die Menschen, die jetzt hier unter uns im Hause schlafen. Welche Fragen bewegen sie denn? Es sind noch immer dieselben Fragen, die sie schon vor zweitausend und mehr Jahren bewegt haben: die Frage nach der Schuld, die Frage nach der Liebe, nach der Gerechtigkeit in der Welt, nach dem Sinn des Lebens, nach dem Tod.*»[1]*

Diese Erinnerung Heinz Zahrnts aus der Zeit der letzten Hamburger Gastprofessur Tillichs im Sommer 1961 wirft ein bezeichnendes Licht auf die Lebensarbeit des Theologen und Philosophen, des Predigers und des Schriftstellers. Und so fährt der Berichterstatter fort: «Was Paul Tillich zum unablässigen, bohrenden Denken antrieb, war einmal der Eros, die Liebe zur Wahrheit, zum anderen aber war es die Agape, die Liebe zu dem Menschen, der von der christlichen Verkündigung nicht mehr getroffen wird, der aber auch in seiner eigenen Autonomie unsicher geworden ist und sich in der gewandelten Welt nicht mehr zurechtfindet, der deshalb zu verzweifeln droht oder aber gegenüber der Wahrheitsfrage völlig indifferent wird. Diesem Menschen galt Tillichs besondere Liebe; ihn suchte er zu erreichen, um ihn wieder zu versöhnen mit Gott, der Welt und sich selbst.»

Trifft diese Charakteristik zu und bedenkt man, welches Ausmaß an Wirklichkeitserfassung das Werk Paul Tillichs auszeichnet, dann mag es verwundern, daß die Inhalte und Resultate seines Denkens in der Bundesrepublik Deutschland lange nicht den Bekanntheitsgrad erreicht haben wie die seiner Altersgenossen Karl Barth und Rudolf Bultmann oder auch des zwei Jahrzehnte jüngeren Dietrich Bonhoeffer. Für Ungezählte ist Barth ein protestantischer Kirchenvater und – dank seiner monumentalen «Kirchlichen Dogmatik» – ein moderner Thomas von Aquin in einer Person. Bultmann löste eine weltweite Entmythologisierungsdebatte aus, die bis hin zur offenen Frontenbildung gedieh. Bonhoeffers These einer «religionslosen» Verkündigung schien einmal einen neuen Abschnitt in der Geschichte der modernen Theologie zu eröffnen, als nach Jean Paul, Hegel und Nietzsche endlich auch die Theologen den «Tod

* Die hochgestellten Ziffern verweisen auf die Anmerkungen S. 134f.

Gottes» zu proklamieren begannen. Vergleichbar spektakuläre Wirkungen gingen von Paul Tillich nie aus, auch nicht, als der Anglikaner John A. T. Robinson seinen theologischen Bestseller «Honest to God» («Gott ist anders», 1963) veröffentlichte, in dem er meinte, Bultmann, Bonhoeffer und Tillich auf einen gemeinsamen Nenner bringen zu können.

Nun sind Werk und Wirkung menschlicher Leistung nicht daran zu messen, ob ihr Schöpfer in die Schlagzeilen gerät und ins Gerede kommt, schon gar nicht, wenn es sich um die zentralen Fragen des Menschseins handelt. Geht man einmal von der Frage aus, welche Aufgabe die Theologie an der Schwelle zum dritten Jahrtausend noch zu erfüllen habe, dann ist die zunehmende Diskrepanz zwischen den Errungenschaften von Naturwissenschaft und Technik auf der einen Seite und der Religion (im weitesten, das Christentum einschließenden Sinne verstanden) auf der andern, nicht zu übersehen. Die Wissenschaften, vor allem die der naturwissenschaftlichen Disziplinen haben nicht nur einen ungeahnten Differenzierungs- und Aufsplitterungsprozeß durchgemacht, bei dem das Bild des Menschen in seiner Totalität zu entschwinden drohte. Diese Disziplinen haben sich gleichzeitig auch in der Weise verselbständigt, daß technische Machbarkeit und moralische Verantwortbarkeit durch eine unüberbrückbar scheinende Kluft auseinandergerissen wurden.

Zugleich sehen wir vor uns eine Theologie, die seit Jahrhunderten in Rückzugsgefechte verwickelt ist – sofern sie überhaupt noch kämpft und sofern sie zu kämpfen vermag. Gemeint ist die fortschreitende Preisgabe von kulturell-geistigem Terrain. In dem Maße, wie die moderne naturwissenschaftlich-technische Weltbewältigung voranschritt, verzichtete die kirchliche Theologie – die protestantische nicht weniger als die katholische – darauf, diesen bewußtseinsgeschichtlich notwendigen Emanzipationsprozeß reflektierend, religiös verarbeitend zu begleiten und dabei mitzugestalten. Das heißt, Theologie und Kirche kümmerten sich mehr um die Befriedigung von traditionell fixierten Eigeninteressen als um die Dynamik der Erschließung und Veränderung von Mensch und Welt. Als wäre durch Bibel, Bekenntnisschriften und sonstige dogmatische Verlautbarungen zum Thema Mensch und Welt alles Sagbare bereits gesagt oder interpretierend sagbar, verzichtete diese Theologie weitgehend darauf, die natur- und humanwissenschaftlichen Erkenntnisse zu verarbeiten. Wohl wird seit geraumer Zeit das interdisziplinäre Gespräch von der Theologie her geprobt, doch die Zahl derjenigen, die sich als Theologen einer ganzheitlichen Wirklichkeitserfassung und -gestaltung stellen, ist vergleichsweise bescheiden.

Zweifellos ist es im Raum der protestantischen Theologie dieses Jahrhunderts in erster Linie Paul Tillich, der in seiner doppelten Eigenschaft als Theologe und als Philosoph nicht allein in das Gespräch mit Vertretern der verschiedenen Disziplinen eingetreten ist, sondern der darüber hinaus als religiöser Denker einen Weg zur Ganzheit gewiesen hat. «Worauf es in der Zukunft ankommen wird, ist, daß es der protestantischen Theologie gelingt, die Wirklichkeit der Welt wieder in die Wirklichkeit des Glaubens einzubeziehen.»[2] Einer derartigen Aufgabe ist nur eine gesprächsfähige Theologie gewachsen, die sich um die Sprache ihrer Partner bemüht, ohne zu vergessen, was den Menschen dieser Zeit, den arbeitenden, forschenden, leidenden, künstlerisch gestaltenden, politisch-gesellschaftlich verantwortenden Menschen *unbedingt angeht.* Denn, so schreibt Tillich während des Zweiten Weltkriegs (1941), *wir stehen in der Mitte einer Weltrevolution, die jeden Bereich der menschlichen Existenz ergreift und uns eine neue Deutung des Lebens und der Welt aufdrängt . . . Niemand, der auch nur ein Mindestmaß an geschichtlichem Verständnis besitzt, kann diese Tatsache ernstlich bezweifeln nach all dem, was in den letzten Jahren geschah.*[3] Und zwei Jahre später: *Das einzige, was wir für uns hoffen können, ist, eine Brücke zwischen den Zeiten zu sein. Keiner unserer Generation kann die Brücke vollständig überschreiten . . .*[4] – Nun sind Brücken auf ihre Tragfähigkeit hin zu überprüfen, ehe sie begangen werden können. Das gilt auch für Tillich, wenngleich die Aufgabe dieser Schrift vor allem darin besteht, Umrisse von Leben und Werk sichtbar zu machen.

Anfänge

Am 20. August 1886 wird Paul Tillich – sein voller Name ist: Paul Johannes Oskar Tillich – in Starzeddel, einem kleinen Dorf in der Nähe von Guben in der Provinz Brandenburg geboren. Die Ortschaft liegt heute wenige Kilometer östlich der Deutschen Demokratischen Republik auf polnischem Territorium. Sein Vater Johannes Tillich war dort Pfarrer evangelisch-lutherischen Bekenntnisses.

Seinen autobiographischen Aufzeichnungen in dem Buch *Auf der Grenze* verdanken wir den Hinweis, daß die Eltern zwei gegensätzliche Charaktere verkörpern: *Jedenfalls habe ich nie daran gezweifelt, daß die Verbindung eines märkischen Vaters mit einer rheinischen Mutter* (Wilhelmina Mathilde, geborene Dürschen) *die Spannung zwischen östlichem und westlichem Deutschland in mich gepflanzt hat: Im Osten die schwermütig spekulative Veranlagung, gesteigertes Pflicht- und Schuldbewußtsein, starkes Autoritätsgefühl, Lebendigkeit der feudalen Traditionen. Im Westen der Sinn für Lebensfreude, sinnliche Anschaulichkeit, Beweglichkeit, Rationalität und Demokratie. Es ist nun keineswegs möglich, diese beiden Reihen von Eigenschaften einfach auf meine beiden Eltern zu verteilen. Dennoch scheint es, als ob auf dem Wege über sie die beiden widersprechenden Eigenschaftsgruppen in mich gepflanzt worden sind, auf deren Kampfgebiet sich mein inneres und äußeres Leben weithin abgespielt hat.*[5]

Infolge des frühen Todes der Mutter kommt es zu einem *Übergewicht des väterlichen Einflusses.* Von dieser Tatsache leitet Tillich eine innere Spannungsgeladenheit ab, wobei das dynamische, wenn auch nicht gerade das dionysische Element vorzuherrschen scheint: *Klassische Ausgeglichenheit und Harmonie waren nicht mein Erbteil.*

Paul ist noch keine fünf Jahre alt, als Johannes Tillich zum Superintendenten (Dekan) ernannt wird. Die Familie zieht ins ostelbische Schönfließ, einem Ort in der Neumark, der am Ende des 19. Jahrhunderts kaum mehr als dreitausend Einwohner zählt. Paul Tillich erinnert sich: *Die Stadt hatte mittelalterlichen Charakter. Sie war von einer Stadtmauer umgeben, um eine alte gotische Kirche erbaut, wurde von einem mittelalterlichen Rathaus aus regiert und machte den Eindruck einer kleinen geschützten und selbständigen Welt.*[6]

Es ist die Welt von *Ackerbürgern,* das heißt von Bürgern einer Kleinstadt, die den Charakter eines größeren Dorfes bewahrt hat. Hier reihen sich Wohnhäuser, Höfe, Scheunen und Ställe aneinander. Da werden morgens und abends Kühe und Schafe durch die Straßen getrieben. Die

*Der Vater:
Johannes Tillich*

Die Kirche in Starzeddel

Das Pfarrhaus in Starzeddel

Schönfließ: die Superintendantur

Paul Tillich mit seinen Schwestern Elisabeth und Johanna, um 1898

ländliche Atmosphäre ist unverkennbar, wiewohl sich die Bürger als «Städter» verstehen. Tillich ist sich des prägenden Charakters dieser ländlich-kleinbürgerlichen Welt bewußt geblieben: *Das Schützende, Bewahrende und zugleich Lebendige der Stadt gegenüber dem Unheimlichen nächtlicher Wälder, schweigender Felder und schlafender Dörfer gehört zu meinen stärksten Jugendeindrücken. Aus der Steigerung dieser Eindrücke durch Fahrten nach Berlin, bei denen schon die Eisenbahn als ein mythisches Gebilde erlebt wurde, entstand oft geradezu verzehrende Sehnsucht nach der großen Stadt. Sie hat sich später in vielen äußeren und inneren Entscheidungen ausgewirkt und hat philosophischen Ausdruck gefunden ... Sie hat mich vor romantisierender Feindschaft gegen die technische Kultur bewahrt, hat mich gelehrt, die Bedeutung der großen Stadt für die kritische Seite des geistigen und künstlerischen Lebens zu sehen.*[7]

Doch dieser Sehnsucht wird lange nicht nachgegeben; denn der Junge kommt zunächst (1898) in Pension nach Königsberg/Neumark, um das Gymnasium zu besuchen. So überwiegen die Erinnerungen und Eindrücke an den Zauber der Landschaft *mit Boden und Wetter, mit Kornfeldern und dem Geruch herbstlichen Kartoffelkrauts, mit Wolkenformen, mit Wind, Blumen und Wäldern.* Hier ist der geistig-elementare Nährboden der Symbole und der Sinnzeichen menschlicher Existenz, der er sich später als Theologe und als Philosoph zuzuwenden hat. Der fünfzigjährige Tillich berichtet, daß er die für sein Denken wegweisende Naturphilosophie Schellings *wie im Rausch inmitten einer schönen Natur* gelesen und sich einverleibt habe. *Viele meiner Gedanken sind im Freien konzipiert, und sogar die Ausarbeitung eines großen Teils meiner Schriften ist unter Bäumen oder am Meer geschehen. Der regelmäßige Rhythmus von Stadt- und Landaufenthalt gehörte und gehört zu dem wenigen Unantastbaren meines Lebens.*[8]

So versteht es sich wie von selbst, daß der in früher Jugend geübte *tägliche Umgang mit der Natur* auch die Bildung des Heranwachsenden nachhaltig beeinflußt hat. Tillich verweist auf *viele naturmystische Elemente* in der deutschen Dichtung. *Von Goethe, Hölderlin, Novalis, Eichendorff, Nietzsche, George und Rilke gibt es Verse, die mich immer wieder so tief ergreifen wie beim ersten Hören.*[9] Als protestantischer Theologe bezieht er sich auf die lutherische Tradition, der er durch Geburt und Neigung verbunden ist und die – im Gegensatz zur Natureinschätzung eines Johann Calvin – der These folgt, *daß das Endliche das Unendliche zu fassen vermag und daß infolgedessen in Christus beide Naturen sich gegenseitig durchdringen. Dieser Gegensatz besagt, daß auf dem Boden des Luthertums die Schau des in jedem Endlichen gegenwärtigen Unendlichen theologisch begründet und Naturmystik zur realisierbaren Möglichkeit wird.*[10] Von einer derartigen geistigen Standortbestimmung aus werden auch die ideengeschichtlichen Durchgangsstationen verständlich, zu denen für Tillich vor allem Jakob Böhme als der Schöpfer einer universalistisch-spirituellen Naturschau ebenso gehört wie der unter der geistigen Einflußsphäre Böhmes stehende Philosoph Schelling, der dem werdenden Theologen und Philosophen Tillich zum Gegenstand seines eigenen Forschens wird, wie die philosophische Dissertationsschrift und die theologische Lizentiatenarbeit zeigen.

Zum Naturerleben tritt früh die Begegnung mit der Geschichte hinzu. Auch dafür sorgt die heimatliche Umgebung des Jungen. *In Städten aufzuwachsen, in denen jeder Stein Zeugnis von vielen vergangenen Jahrhunderten ablegt, erzeugt ein Gefühl für Geschichte. Diese ist dann nicht Gegenstand der Wissenschaft, sondern lebendige Wirklichkeit, in der das Vergangene am Gegenwärtigen teilhat,* notiert er in seinen *Autobiographischen Betrachtungen* (1952), die im zwölften Band der *Gesammelten Werke* Aufnahme gefunden haben. Bis in die akademischen Vorlesungen, Seminare und offenen Abende seiner amerikanischen Zeit hinein wirkt diese unmittelbare Geschichtsbegegnung nach. Tillich wird sich des qualitativen Unterschieds zwischen einer nur wissensmäßigen Beschäftigung und einer im persönlichen Erleben begründeten Beziehung zur Geschichte bewußt. Sie hat er zu vertreten.

Entsprechendes läßt sich vom Erleben des Heiligen sagen. Lange bevor – angeregt durch Rudolf Ottos Werk «Das Heilige» (1917) – dieses Thema Gegenstand der theologischen und religionswissenschaftlichen Auseinandersetzung wird, beeindruckt den Knaben die gotische Kirche in Schönfließ. In ihr und während der gottesdienstlichen Handlungen gewinnt er Zugang zum Wesen mystischer Frömmigkeit und zu sakramentaler Wirklichkeit überhaupt. Es ist das Bewußtsein von der Gegenwart des Göttlichen, das aufkeimt. Die Nachwirkungen solcher Primärerlebnisse können für das spätere religiöse Denken Tillichs nicht hoch genug veranschlagt werden. Der Leser seiner Schriften wird sich diese Realitätsbezü-

Friedrich Wilhelm Joseph von Schelling. Zeichnung von Franz Krüger

ge auch dort vor Augen führen müssen, wo sich der Autor lediglich in begrifflich abstrakten Erörterungen zu ergehen scheint. *Die ethischen und logischen Elemente leitete ich dann aus der Erfahrung der Gegenwart des Göttlichen ab und nicht umgekehrt. Das macht mir Schleiermacher geistesverwandt, wie er es auch für Rudolf Otto war, und veranlaßte sowohl Rudolf Otto wie mich, an Bewegungen für eine liturgische Erneuerung teilzunehmen und eine neue Würdigung der christlichen und der nichtchristlichen Mystik anzustreben.*[11]

Wie sehen nun die wichtigsten Einflüsse aus, die Tillich während Kindheit und Schulzeit geprägt haben? Gerade weil er später *die tragende Bedeutung der wirtschaftlichen Strukturen und Strukturbewegungen für die sozialen und geistigen Formen und Veränderungen einer Periode*[12] erkannt hat, versäumt es Tillich nicht, auch diese Faktoren früher Erfahrung zu benennen: Da ist die Enge und Beschränkung in der ostdeutschen

Kleinstadt vor der Jahrhundertwende, das heißt ein Leben in dem klassenorientierten, von obrigkeitlichem Denken beherrschten Untertanenstaat während der Ära von Kaiser Wilhelm II. Bürokratie und Beamtentum, Polizei, Armee und eine streng hierarchisch strukturierte Staatskirche bilden den Rahmen für das gesamte öffentliche Leben. *Das Parlament, demokratische Einflüsse, sozialistische Bewegungen sowie eine energische Kritik am Kaiser und an der Armee waren für die konservativen, lutherischen ostdeutschen Kreise meiner Umgebung so gut wie nicht vorhanden. Alle demokratischen Elemente wurden abgelehnt, verzerrt dargestellt und als revolutionär, das bedeutete verbrecherisch, charakterisiert.*[13]

Nach dem Besuch der Volksschule, in der Paul *in allen Stufen* Freunde gewinnt und ein gewisses Ressentiment gegen die soziale Oberschicht entwickelt, der seine Eltern naturgemäß angehören, besucht er vom zwölften bis zum vierzehnten Lebensjahr das humanistische Gymnasium im nahen Königsberg, einer rund siebentausend Einwohner zählenden Kleinstadt der Neumark. Er legt jedoch Wert auf die Feststellung, daß auch während der Gymnasiastenzeit *Volksschulkinder* die *eigentlichen Freunde* bleiben – für jene Zeit alles andere als eine Selbstverständlichkeit. Spannungen treten auf; ein *soziales Schuldbewußtsein* wird erzeugt.

Das Stadttor

Schönfließ: der Eingang zur Kirche

Wohl ist der Junge stolz darauf, in verschiedene Gutshäuser innerhalb des Kirchenkreises eingeladen zu werden und mit Kindern von Großgrundbesitzern spielen zu dürfen. Gleichzeitig aber entwickelt er eine *Opposition gegen die Bürgerlichkeit*, der er sich als Pfarrerssohn, das heißt als Sohn eines geachteten königlich preußischen Staatsbeamten, klassenmäßig zuzuzählen hat. Derartige Erfahrungen mögen mit dazu beigetragen haben, daß sich Tillich nach den Kriegs- und Revolutionserlebnissen sozialistischen Bestrebungen anzuschließen vermochte. – Aber in welcher Weise artikuliert der Junge seine Opposition gegenüber der bestehenden patriarchalischen Ordnung, die er durch den eigenen Vater repräsentiert sieht?

Die einzige Ebene, auf der dem Heranwachsenden ein Widerstand später möglich erscheint, ist die Philosophie. Tillich berichtet, wie frühzeitig das Interesse an der Philosophie bei ihm einsetzt. Paul besucht noch das Gymnasium; ab Januar 1901 ist es das königliche Friedrich-Wilhelms-Gymnasium in Berlin. Seit 1900 wohnt die Familie in der Reichshauptstadt. Der Vater Johannes Tillich übernimmt bald das Amt eines königlichen Konsistorialrats. Als hoher Kirchenbeamter der brandenburgischen Landeskirche hat er unter anderem werdende Theologen im Fach Philosophie zu prüfen, für Paul Anlaß genug, mit dem Vater in einen lebhaften philosophischen Diskurs einzutreten. Der junge Mann verschafft sich selbst die dafür nötigen Voraussetzungen. Bei einem Landpfarrer entdeckt er eine Philosophiegeschichte. Auf einem offenen Bücherwagen in einer Berliner Straße findet er die erste Fassung von Fichtes Wissenschaftslehre. In einem Buchladen ersteht er sich *mit klopfendem Herzen* die Reclam-Taschenbuchausgabe von Kants «Kritik der reinen Vernunft». *Philosoph zu werden war mein Wunsch seit den letzten Gymnasialjahren. Jede freie Stunde wurde benutzt, um philosophische Bücher zu lesen, die mir zufällig in die Hand fielen.*[14] Die langen philosophischen Diskussionen mit dem Vater rechnet der Sohn schließlich zu den glücklichsten Erlebnissen, die ihn mit ihm verbinden. Hier geht es offensichtlich um mehr als nur um die Liebhaberei eines theoretisch begabten jungen Mannes, der sich schon vor dem Abitur auf die spätere Laufbahn vorbereiten möchte: Es geht um den Versuch, einen Standort zu gewinnen, von dem aus er das gesellschaftliche System zumindest geistig zu durchbrechen hofft. Denn *gerade in diesen Diskussionen geschah ein Durchbruch, zunächst nur theoretisch, später auch praktisch. Ein unabhängiger philosophischer Standpunkt wurde allmählich zu einer in jeder Hinsicht unabhängigen Haltung. Dieser schwierige und schmerzhafte Durchbruch zur Autonomie hat mich gegen jedes System des Denkens oder Lebens, das Unterwerfung fordert, immun gemacht.*[15] Und wenn Karl Barth seinem Kollegen mehr als zwei Jahrzehnte danach vorhält, er kämpfe «noch immer» gegen den Großinquisitor, so gibt er ihm recht,

Das Gymnasium in Königsberg/Neumark

Der Student

indem er das *protestantische Prinzip* als die Hauptwaffe gegen jedes heteronome System ansieht. Doch um diese Waffe zu schmieden ist eine entsprechende Ausbildung erforderlich. In die Jahre unmittelbar vor dem Ersten Weltkrieg fällt Tillichs Studienzeit. Es ist die Zeit eines ungebrochenen Fortschrittsoptimismus. Noch ahnt niemand etwas von den Erschütterungen, die der Weltkriegsgeneration von 1914 bis 1918 bevorstehen und die zu einer grundlegenden Neuorientierung aufrufen werden.

Auf dem Wege zur Theologie und Philosophie

Im Herbst 1904 besteht Paul Tillich das Abitur. Und wenngleich der Primaner einerseits sicher ist, daß er Philosoph werden solle, andererseits Architektur als Berufsziel nennt, steht für den Sohn des preußischen Konsistorialrats fest, daß er in die Fußstapfen seines Vaters zu treten habe, um schließlich selbst Pfarrer zu werden.

Im Schlußteil seiner Lizentiaten-Dissertation *Mystik und Schuldbewußtsein in Schellings philosophischer Entwicklung* findet sich für die fragliche Lebensspanne die knappe autobiographische Notiz: *Als Studierender der evangelischen Theologie wurde ich immatrikuliert an den Universitäten zu Berlin, Tübingen, Halle, Berlin.*

Das Wintersemester 1904/05 wird Tillichs erstes theologisches Semester. Daß er neben den theologischen Vorlesungen und Seminaren auch philosophische belegt, versteht sich von selbst. Gerade auf die Philosophie ist er durch Privatstudien mehr als hinreichend vorbereitet.

Wenngleich geographisch gesehen die Entfernung zwischen dem Elternhaus und der Universität nur gering ist, betritt er mit dem Beginn des Studiums eine neue Welt. Vor allem auch deshalb, weil seine Mutter vor etwa einem Jahr gestorben ist. Infolge der engen Gefühlsbindung zu ihr bedeutet der Tod der Mutter für Paul einen Einschnitt, dessen er sich lebenslang bewußt bleibt. Man wird nicht die Psychoanalyse bemühen müssen, um Tillichs spätere differenzierten Beziehungen zum weiblichen Geschlecht zu verstehen. Der New Yorker Psychoanalytiker Rollo May, Schüler und Freund Tillichs, gibt hierzu entsprechende Erläuterungen.[16] Und so wie die Philosophie von dem Primaner angewandt wurde, um der Autorität des Vaters gegenüber einen eigenen Standort zu beziehen, so ist es die philosophische Reflexion, die – nach dem Verlust der Mutter – den Studenten an die Problematik von Sein und Nicht-Sein heranführt. Tillich, der Shakespeares «Hamlet» unlängst gelesen hat, schreibt die Verse nieder:

Bin ich denn ich, wer sagt mir, daß ich bin?
Wer sagt mir, was ich bin, was ich soll werden?
Was ist der Welten, was des Lebens Sinn?
Was ist das Sein und das Vergehn auf Erden?[17]

Der Student vertieft sich in die Arbeit. Die wenigen Fotos und Schilderungen aus der ersten Studentenzeit geben uns das Bild von einem eher schüchternen, zurückgezogen lebenden «bloßen Jünger der Philosophie,

Die Friedrich-Wilhelms-Universität in Berlin, um 1900

der nicht reiten und fechten konnte», also von einem «weltfremden Studierstubenmenschen», notiert der spätere Freund und Schwager Alfred Fritz.[18] Und Hermann Schafft, der seit dem ersten Berliner Semester mit Tillich eng befreundete Führer aus der christlichen Jugendbewegung, erinnert sich: «Als Tillich sich im Wintersemester 1904/05 im Berliner Wingolf aktiv meldete, ahnten wir noch nicht, daß dieser uns etwas linkisch und weltfremd erscheinende blasse, junge Student sich zu einem der bedeutendsten Denker des Weltprotestantismus entwickeln würde ... Wir haben ihn, der so still und in bescheidener Zurückhaltung unter uns war, freilich schon damals angestaunt, als wir feststellten, daß er schon als Primaner Fichtes Wissenschaftslehre und Kants Kritik der reinen Vernunft genauestens durchgearbeitet hatte.»[19]

An das einführende Berliner Semester, in dem er neben den theologischen Vorlesungen auch den Hebraisten Friedrich Delitzsch und den Philosophiehistoriker Adolf Lasson hört, hängt Tillich ein weiteres Semester in Tübingen an (Sommer 1905). Hölderlin, Hegel und vor allem Schelling haben hier studiert. Der angebliche «Studierstubenmensch» Tillich folgt auch hier seinem Bedürfnis, zu wandern und die Natur zu genießen. Im Mai 1905 schreibt er an den Vater nach Berlin: *Der Jammer ist nur, daß ich so wenig zur Arbeit komme. Der Vormittag ist von Kollegs besetzt, der Nachmittag von Spaziergängen. Denn ich kann es nicht übers Herz bringen, bei strahlendem, wolkenlosem Himmel und einer Natur, die mir bei jedem Schritt wie ein neues, unbekanntes Wunder entgegentritt, zu*

Hause zu bleiben. Stundenlang streife ich, meist allein, durch unbekannte Wälder, Wiesen und Berge, und genieße, was ich ein halbes Jahr mit Schmerzen entbehrt habe. Die Obstblüte hat ihren Höhepunkt schon überschritten, die Stachelbeeren fangen an zu reifen, die Eichen sind ganz grün. Zum ersten Mal wird mir das Rätsel gelöst, warum der Mai von den Dichtern so gerühmt wird.[20] Ohne «Warum» ist das Naturerleben demnach nicht; Erleben und Erkennen gehen bei Tillich Hand in Hand.

Im Wintersemester 1905/06 wechselt Tillich nach Halle über. Diese Universität steht in einer doppelten Tradition. Einerseits ist sie geprägt durch den Geist des Pietismus August Hermann Franckes; der Pietist Philipp Jakob Spener, Autor der programmatischen «Pia desideria» (1675), hat sich um die Einrichtung der theologischen Fakultät einst verdient gemacht. Andererseits war in Halle die Aufklärungsphilosophie Christian Wolffs wirksam. Als der ebenfalls in die USA emigrierte Thomas Mann Anfang der vierziger Jahre mit den Vorarbeiten zu seinem «Doktor Faustus» beschäftigt war, wandte er sich an seinen Landsmann Tillich mit der Bitte um Auskünfte über den Werdegang eines deutschen Theologen. Diesem Umstand verdanken wir unter anderem einige autobiographische Angaben aus der Studentenzeit in Halle:

Haus des «Wingolf»

Der Hölderlin-Turm in Tübingen

Der Typus der Hallenser Theologie zu meiner Zeit war eine Mischung von konservativer Vermittlungs-Theologie und Ritschlianismus. Die überragende Persönlichkeit des ersten Typus war Martin Kähler, in seiner Jugend ein begeisterter Student der klassischen Dichtung und Philosophie, der sich uns gegenüber rühmte, alle wichtigeren Werke Goethes auswendig gekonnt zu haben, der dann durch die Erweckungsbewegung der Mitte des vorigen Jahrhunderts ergriffen wurde und die paulinische Botschaft von Sünde und Rechtfertigung dem ästhetischen Humanismus des großen «Heiden» Goethe, wie er ihn nannte, gegenüberstellte. Gegenüber der Wucht dieses Mannes erschienen uns andere klein. Wir gingen in seine Kollegs nicht wegen der etwas trockenen und nach einem gedruckten Lehrbuch vorgetragenen Systematik, sondern wegen dessen, was wir als Studenten «Ex-Pauken» nannten, seine Reden außer dem Zusammenhang, von denen wir alle bis in unsere reifen Jahre auf das Tiefste beeinflußt wurden. Ihm verdanken ich und meine Freunde die Einsicht, daß auch unser Denken gebrochen ist und der «Rechtfertigung» bedarf, und daß darum Dogmatismus die intellektuelle Form des Pharisäismus ist.[21]

Zu dieser Charakteristik gehört vor allem der schon vorher geäußerte Hinweis auf die *überwältigende sittlich-religiöse Kraft und geistige Konzentration* Kählers, der zwar als Lehrer und Schriftsteller schwer verständlich war, von Tillich aber als *der tiefste und in vieler Beziehung modernste Vertreter der Vermittlungstheorie des 19. Jahrhunderts, Gegner Albrecht Ritschls ... Kritiker von Idealismus und Humanismus* angesehen wurde. Wilhelm Lütgert, unter dessen Dekanat Tillich 1925 die theologische Ehrendoktorwürde der Universität Halle empfangen sollte, wird als der andere der beiden ihm *wichtigsten theologischen Lehrer* genannt[22], während Fritz Medicus, damals Privatdozent in Halle, von dem nur wenig jüngeren Studenten der Theologie zum *philosophischen Lehrer* erkoren wurde.

Wie schätzt Tillich die sogenannte liberale Theologie ein, die um und nach der Jahrhundertwende an vielen deutschen Hochschulen herrscht und durch so namhafte Wissenschaftler wie Adolf von Harnack in Berlin, Albrecht Ritschl in Marburg oder Ernst Troeltsch in Heidelberg repräsentiert wird? – Tillich fällt ein abwägendes Urteil. So macht er gegenüber der liberalen Dogmatik sowie bezüglich des liberalen Religionsverständnisses mancherlei Vorbehalte: *Unauffindbar blieb mir der Zugang zur liberalen Dogmatik, für die an die Stelle des gekreuzigten Christus der historische Jesus tritt und die Paradoxie der Rechtfertigung durch moralische Kategorien aufgelöst wird.*[23] Das Ekstatische und Paradoxe des Religiösen sieht Tillich *herabgedämpft zu einem ethischen Fortschrittsglauben*[24]. *Es fehlte uns an ihr die Einsicht in den «dämonischen» Charakter der menschlichen Existenz ... Wir fanden, daß die konservative Tradition mehr von einem wahren Verständnis der menschlichen Natur und der Tragik der Existenz bewahrt hat als die liberale fortschrittlich-bürgerliche Ideologie; auch hatte damals schon Kierkegaard einen starken Einfluß auf eine kleine Gruppe von Hallenser Theologiestudenten.*[25] – Doch das ist nur die eine Seite der Beurteilung. Tillich läßt keinen Zweifel darüber aufkommen, wie bald und wie sehr *die gewaltige historische Leistung der liberalen Theologen* ihn beeindruckt hat. Sie liegt vor allem auf dem Feld der historisch-kritischen Bibelwissenschaft. Der Student läßt sich durch die religionsgeschichtliche Interpretation des Alten Testaments faszinieren, wie sie durch Julius Wellhausen und Hermann Gunkel durchgeführt worden ist. *Die Vorliebe für das Alte Testament und den Geist der prophetischen Kritik und Erwartung ist geblieben und durch die Konsequenzen, die sich daraus für meine politische Haltung ergaben, für mein Lebens- und Denkschicksal entscheidend geworden.*[26] Auf dem Gebiet des Neuen Testaments verdankt Tillich der etwa gleichzeitig erschienenen «Geschichte der Leben-Jesu-Forschung» Albert Schweitzers und später Rudolf Bultmanns «Geschichte der Synoptischen Tradition» viel. Wesentliche kirchengeschichtliche Einsichten führt Tillich für diesen Zeitabschnitt auf Ernst Troeltsch zurück.

Alles in allem stellen die vier Semester in Halle eine Fundierung für Tillichs theologische Entwicklung überhaupt dar. Darüber darf der men-

Prof. Martin Kähler,
Tillichs Lehrer
in Halle

schenbildende Einfluß der Studentenverbindung «Wingolf» nicht unterschätzt werden. Im Sommer 1907 spielt Tillich als 1. Chargierter in der etwa siebzig Mann starken Verbindung eine führende Rolle. Er bekennt: *Was ich theologisch, philosophisch und menschlich geworden bin, verdanke ich nur zum Teil den Professoren, in überragendem Maße dagegen der Verbindung, wo die theologischen und philosophischen Debatten nach Mitternacht und die persönlichen Gespräche vor Sonnenaufgang für das ganze Leben entscheidend blieben.*[27] Tillich berichtet von der großen Bereicherung durch die Musik und vom romantischen Verhältnis zur Natur, von Wanderungen durch Thüringen und vom Besuch der Wartburg, dem Symbol der lutherischen Tradition, in die er sich hineingestellt sieht und von der er im gleichen Zusammenhang betont: *Ohne Luthers Stellung zur Natur kann die ganze deutsche Geistesgeschichte einschließlich Böhme, Schelling, Nietzsche nicht verstanden werden. Das schließt naturgemäß eine bestimmte Form der Mystik ein, die von Ritschl und seinen Nachfolgern geradezu fanatisch verfolgt wurde.*[28] Das *kalt-Moralistische* in der Theologie bleibt ihm fremd.

Erneut läßt sich Tillich im Oktober 1907 für das Wintersemester an der Berliner Universität einschreiben, um sich für das erste theologische Examen vorzubereiten. Den philosophischen Studien, speziell der Beschäftigung mit der deutschen idealistischen Philosophie, mißt der Kandidat der Theologie neben seinen eigentlichen Studien nach wie vor großes

Martin Luther. Gemälde von Lucas Cranach d. Ä.

Gewicht bei. Noch bevor er im Frühjahr 1909 sein erstes theologisches Examen in Berlin ablegt, bittet ihn Ernst Klein, ein mit Johannes Tillich befreundeter Pfarrer in der kleinen Landgemeinde Lichtenrade bei Berlin, ihn einige Monate hindurch zu entlasten. Tillich, der bis dahin so gut wie ausschließlich mit den theoretischen Fragestellungen seiner Studien beschäftigt war, geht gern darauf ein, um endlich ein Stück Gemeindepraxis kennenzulernen. Vom sprichwörtlichen Ernst des Lebens aber kann noch kaum die Rede sein. Wir hören, daß er anfangs Passionsandachten zu halten hat und Sonntagspredigten. *Die Zeit in Lichtenrade erscheint mir immer als eine Art Goldenes Zeitalter weit ungetrübten Naturgenusses und seliger Sorglosigkeit,* schreibt er bezeichnenderweise in einem Dankbrief an die Pfarrfrau.[29] Tillich findet genug Zeit, mit Pfarrer Klein Schach zu spielen, mit den theologischen Freunden Kurt Leese, Richard Wegener und Emanuel Hirsch, dem späteren Kierkegaard-Übersetzer und Theologiehistoriker, nächtelang zu diskutieren, zu wandern, Berliner Theaterstücke anzusehen und – dies nicht am wenigsten – auf dem Balkon des Pfarrhauses sitzend Schelling-Lektüre zu treiben.

Auch als die erste offizielle Anstellung, nämlich als sogenannter Lehrvikar in Nauen 1911/12, auf ihn zukommt, bedeutet das nicht eine allzu einschneidende Unterbrechung der Studien. Tillich kann sich auf das zweite theologische Examen vor dem Berliner Konsistorium vorbereiten, um schließlich am 18. August 1912 als Pfarrer der brandenburgischen Landeskirche ordiniert zu werden. Auch für die beabsichtigte Doppelpromotion bleibt noch genügend Zeit und Kraft. Die ausgiebige Vertiefung in die Religionsphilosophie Schellings veranlaßt ihn, diesem Philosophen sowohl seine philosophische Doktorarbeit (*Die religionsgeschichtliche Konstruktion in Schellings positiver Philosophie*) als auch seine theologische Dissertationsschrift (*Mystik und Schuldbewußtsein in Schellings philosophischer Entwicklung*) zu widmen.

Die Dorfkirche in Lichtenrade

Nachdem Tillich im Dezember 1911 das theologische Examen für den Lizentiatengrad an der Universität Halle-Wittenberg abgelegt hat, ist er von 1912 an berechtigt, selbst theologische Vorlesungen zu halten.

Doch statt die Universitätskarriere sogleich zu betreiben, legt Tillich eine etwa zweijährige Tätigkeit ein, die ihn *auf die Grenze von Theorie und Praxis* stellt. Er wird 1912 Hilfsprediger in Berlin-Moabit. Diese Tätigkeit ist für die weitere Entwicklung und Ausformung seiner Theologie insofern von Wichtigkeit, weil er zusammen mit einigen jungen Kollegen die Initiative ergreift, um mit bestimmten Gruppen des kulturellen und gesellschaftlichen Lebens ins Gespräch zu kommen. Der Theoretiker – *Es bestand weder bei mir noch bei anderen je ein Zweifel daran, daß ich zur Theorie und nicht zur Praxis bestimmt sei*[30] – erkennt nicht nur die Entfremdung vieler Intellektueller und kulturell Schaffender von der kirchlichen Verkündigung, sondern er sucht nach einem praktisch gangbaren Weg der Begegnung zwischen Kirche und Geistesleben, und dies mehr als ein Menschenalter vor der Einrichtung evangelischer oder katholischer Akademien. *Es hat sich eine Kluft aufgetan zwischen Kirche und Bildungswelt, so daß die Gebildeten von der kirchlichen Verkündigung nicht mehr erreicht werden.* Was Tillich fordert ist, *daß Vertreter des Christentums und der Kirche wieder in äußere Berührung kommen mit den kirchenfremden Gebildeten . . . Das Gespenst des engherzigen, beschränkten, fanatischen Christen muß aus der Vorstellung vieler vertrieben werden. Es muß deutlich gemacht werden, daß der gebildete Christ auf demselben Kulturboden steht, mit denselben Problemen ringt und dieselben Antworten kennt – verwirft oder annimmt, wie jeder geistig lebendige Gebilde-*

Richard Wegener

Paul Tillich, 1913

te . . .[31], so heißt es in einem zu Lebzeiten Tillichs unveröffentlichten Manuskript aus dem Jahre 1912. Er entwirft darin Wesen, Ziele und Methoden einer christlichen Apologetik. Praktisch geht er so zu Werk, daß er, unterstützt durch seinen Freund Richard Wegener und Pastor Eduard Le Seur, zu aktuellen Themen einlädt, nachdem er einige Familien gewonnen hat, die ihren Salon für zwanglose Zusammenkünfte zur Verfügung stellen. Im Mittelpunkt steht nicht das Referat, sondern das Gespräch, zu dem nicht etwa ein «königlich protestantisches» Pfarramt, sondern der jeweilige Gastgeber einlädt. Ausdrücklich ist auch dem weltanschaulichen Gegner die Möglichkeit des Korreferats und der Mitsprache eingeräumt. Diese in etwa vierzehntägigem Abstand durchgeführten «Vernunft-Abende» finden ein lebhaftes Echo. Angehörige der verschiedenen Gesellschaftsschichten und Gruppen, zum Beispiel Monisten, Freidenker, Theosophen, nehmen daran teil.

Während der Hilfspredigertätigkeit in Berlin-Moabit stellt sich für Tillich die Frage, wie der weitere Berufsweg auszusehen habe, ob er sich ganz dem Pfarramt verschreiben oder die wissenschaftliche Laufbahn beschreiten solle. Maria Rhine, Tochter von Pastor Klein, die Tillich aus der Lichtenrader Zeit kennt, berichtet über den fraglichen Lebensabschnitt: «So kämpfte er einerseits in einer Berliner Kirchenaustrittsversammlung (1. Dezember 1913) stundenlang leidenschaftlich gegen führende Sozialdemokraten, darunter Karl Liebknecht. Auf der anderen Seite verhandelte er tage- und wochenlang mit den Universitäten Halle und Bonn wegen seiner Habilitation.»[32]

Mobilmachung, August 1914

Als Feldprediger im Ersten Weltkrieg

Tillich arbeitet seit Sommer 1913 an seiner theologischen Habilitationsschrift; im August 1914 bricht der Krieg aus. Die Woge der nationalen Begeisterung ergreift auch den Hilfsprediger von Moabit. «Unser Volk könnte nicht mit so reinem Gewissen in diesen Kampf ziehen, wenn nicht führende Männer seines kirchlichen, wissenschaftlichen und wirtschaftlichen Lebens sich so vielfältig darum bemüht hätten, diesen Brudermord unmöglich zu machen», schreibt die «Allgemeine Evangelisch-Lutherische Kirchenzeitung» am 4. September 1914. Nicht weniger als 93 deutsche Intellektuelle, unter ihnen viele, auch von Tillich als Wissenschaftler verehrte Theologen, unterschreiben das «schreckliche Manifest», wie Karl Barth es brandmarkt, in dem sie sich vor aller Welt mit der Kriegspolitik Kaiser Wilhelms II. und seines Kanzlers Bethmann Hollweg identifizieren. Während der Schweizer Dorfpfarrer Barth gesteht, «an der Lehre meiner sämtlichen theologischen Meister in Deutschland» irre geworden zu sein, fehlt dem in der Reichshauptstadt wirkenden Paul Tillich die nötige Distanz für eine kritische Bewertung der Ereignisse.

Wie meine ganze Generation wurde nun auch ich nach einer lediglich individualistischen und vorherrschend theoretischen Existenz durch das überwältigende Ereignis einer die Nation umfassenden Gemeinschaft gepackt, bekennt er in seinen *Autobiographischen Betrachtungen.*[33] Er meldet sich als Kriegsfreiwilliger und dient *von September 1914 bis September 1918* als Feldprediger in Frankreich. (Wenige Tage bevor sich seine Einheit von Berlin aus an die Westfront in Marsch setzt, heiratet er am 28. September 1914 Margarete Wever, die Tochter eines königlichen Gutsverwalters in Butterfelde bei Königsberg/Neumark. Doch diese Ehe überdauert kaum den Weltkrieg; sie wird 1921 geschieden.)

Nach wenigen Wochen, so heißt es in den autobiographischen Aufzeichnungen weiter, *war meine ursprüngliche Begeisterung vorüber. Nach wenigen Monaten war ich überzeugt, daß der Krieg unabsehbar lange dauern und ganz Europa vernichten würde. Überdies merkte ich, daß die Einigkeit der ersten Wochen eine Illusion und die Nation in Klassen zersplittert war. Ich erkannte, daß die Arbeiter die Kirche als bedingungslose Verbündete der herrschenden Gruppen ansahen.* Die Berichte an den Feldpropst gewähren einige Einblicke in die Tätigkeit des Feldpredigers, der in der Hauptsache Andachten und Gottesdienste zu halten hat, in Scheunen, Schützengräben, Unterständen und Höhlen. Ende 1915 ist von den *ungeheuren Realitäten* die Rede, *die der Krieg je länger desto deutlicher offenbart . . . Unsere Verantwortung ist groß; aber viel größer ist die Gewalt der Tatsachen, deren wichtigste die Länge des Krieges ist.*

Eine noch deutlichere Sprache spricht aus anderen Briefen, wie sie vor allem Maria Rhine empfangen hat. Ihr schreibt er am 15. Oktober 1916: *Jetzt sind wir seit 14 Tagen in der Champagne im Gewühl der wüstesten Schlacht dieses Krieges, die noch immer andauert und zu dem Schrecklichsten gehört, was er gebracht hat. Wir liegen in einem ziemlich üblen Quartier zu dreien in einem Zimmer. Tag und Nacht ein ungeheures Getriebe vor unserem Haus ... Es ist ein riesiges Feldlager von vielen Quadratkilometern, Lager an Lager, Stellung neben Stellung. Dabei alles öde, unfruchtbare Gegend, Kalkwellen, Kiefernwäldchen, zertretene Täler. Es fließt täglich Blut, sehr viel Blut in diesen dürren Kalk ... Was hat man doch alles in der Kultur an Geist und Menschen ... und hier! Und so aussichtslos ist der Krieg!* Totale Niedergeschlagenheit und Verzweiflung spricht aus anderen Briefen: *Das Leben ist ja selbst kein Boden, der tragfähig ist. Nicht nur, daß man jeden Tag sterben kann, sondern, daß alle sterben, wirklich sterben, diese unerhörte Tatsache, die jetzt tägliches Erlebnis ist ...*[34]

Diese und ähnliche Erschütterungen wirken sich nicht nur auf die seelische Verfassung des Briefschreibers aus: Das *Abgrunderlebnis* erzwingt eine völlige Neuorientierung auch seiner philosophischen und weltanschaulichen Vorstellungen. Die bürgerliche Kultur und der idealistische Fortschrittsglaube des 19. Jahrhunderts vermögen die Feuerprobe dieses Kriegs nicht zu bestehen. In der Schrift *Auf der Grenze* zieht Tillich Bilanz: *Das vierjährige Erleben des Krieges riß den Abgrund für mich und meine ganze Generation so auf, daß er sich nie mehr schließen konnte.* Welche Konsequenzen ergeben sich für die künftige Wechselbeziehung von Theologie und Philosophie? Die Antwort lautet: *Wenn eine Vereini-*

Tillich auf Urlaub in Butterfelde

Margarete Tillich, geb. Wever, um 1913/14

Das Ehepaar Tillich

gung von Theologie und Philosophie möglich sein sollte, so durfte sie nur in einer Weise geschehen, die dieser Erfahrung des Abgrundes unserer Existenz gerecht wurde.[35] Von der Sinnlosigkeit des Kriegs und von *Leichenfeldern* ist in den Briefen immer wieder die Rede. Doch ein Erlebnis hebt sich von anderen ab: Tillich erinnert sich an eine Nacht vor Verdun. Er irrt zwischen Toten und Sterbenden umher. Erschöpft schläft er auf dem Schlachtfeld ein. *Als ich erwachte, sagte ich mir: «Das ist das Ende der idealistischen Seite meines Denkens!» In dieser Stunde begriff ich, daß der Idealismus zerbrochen war.*[36]

Aus Sätzen wie diesen ist jedoch nicht eine totale Ablehnung des idealistischen Denkens herauszulesen. Die Position *auf der Grenze* wird durchgehalten. Tillich legt großen Wert auf eine dialektische Behandlung derartiger Probleme. Sein Nein zu einem hybriden, die Realität mißachtenden Idealismus schließt ein klares Ja zum idealistischen Denkansatz keinesfalls aus, denn: *Der Ausgangspunkt jeder Analyse der Erfahrung und jedes Entwurfes eines Systems der Wirklichkeit muß der Punkt sein, wo Subjekt und Objekt an ein und demselben Ort sind. Von da aus gewann ich Verständnis für das idealistische Prinzip der Identität – nicht im Sinn einer metaphysischen Spekulation, sondern im Sinn einer Analyse der letzten im*

An der Westfront, 1915

Der Feldprediger

Erkenntnisakte gegebenen Elemente. Keine Kritik des Idealismus hat mich bisher von der Unzulässigkeit dieses Ausgangspunktes überzeugt . . . So bin ich im erkenntnistheoretischen Ausgangspunkt Idealist geblieben, wenn Idealismus die Behauptung der Identität von Denken und Sein als Prinzip der Wahrheit bedeutet.[37] Ähnlich dialektisch hat Tillich seine Beziehung zu anderen Lehrzusammenhängen, etwa zum Marxismus oder zur Psychoanalyse Sigmund Freuds bestimmt.

Das Kriegserleben spiegelt sich auch in Tillichs Religionsphilosophie deutlich wider, vor allem dort, wo er sich bemüht, das *Abgrunderlebnis* und die existentielle Erfahrung des Paradox als Begrenzung philosophischer Möglichkeit zur Geltung zu bringen. Entsprechende Konsequenzen zieht Tillich bei der Bestimmung des Menschenbildes, wenn er – nach Beendigung des Zweiten Weltkriegs – von dem Menschen des 20. Jahrhunderts generell sagt: *Er hat nicht nur eine Reihe schwerster Katastro-*

Die Kirche von Wasigny

Französischer Soldatenfriedhof bei Verdun

phen hinter sich, er lebt auch weiter in einer Situation, die mit möglichen Katastrophen geladen ist ... Er hat das Nichtsein erlebt, das wie ein drohender Ozean alles Seiende umspült. Er hat sein Schicksal erlebt mit seinen plötzlichen, unberechenbaren Einbrüchen in alles, was sicher schien, in seinem Leben und in dem Leben der Völker ... Und wenn die Frage in ihm auftaucht, welches der Sinn seines Seins ist, dann tut sich ein Abgrund vor ihm auf, in den zu blicken nur der Mutigste wagt: der Abgrund der Sinnlosigkeit.[38]

Damit ist die Frage des in der Krise sich erfahrenden Menschen formuliert. Tillichs Aufgabe wird es nun sein, als christlicher Denker der Herausforderung des Schicksals zu begegnen. Mehr noch: es gilt angesichts der sich ausbreitenden Sinnlosigkeit *Mut zum Sein* zu wecken.

Revolution und Nachkriegszeit

Noch bevor sich das ruhmlose Ende des Ersten Weltkriegs abzeichnet, gelingt es Paul Tillich – wohl nicht ohne die Unterstützung von Johannes Tillich –, den Platz an der Front mit dem Pfarrdienst in einer Berliner Garnison zu vertauschen. Im April hatte er einen Nervenzusammenbruch erlitten: *Leib und Seele haben einen Knacks, der ganz nie zu reparieren ist, aber das ist ja nur ein kleines Opfer im Verhältnis zu den Millionen, die das Leben als Opfer geben*, hieß es in einem Brief vom 13. April 1918 an den Vater. Der mit dem Eisernen Kreuz erster und zweiter Klasse ausgezeichnete Feldprediger ist dem aufreibenden Frontdienst physisch und psychisch nicht länger gewachsen.

Die deutsche Frühjahrsoffensive an der Westfront verbesserte die Lage auf dem Kriegsschauplatz ebensowenig wie auf der politischen Ebene die Bildung eines neuen Kabinetts unter Führung des Reichskanzlers Prinz Max von Baden eine Wende herbeiführte. Das ganze Volk ist längst kriegsmüde. Ausgehend von der Meuterei der deutschen Hochseeflotte und revolutionären Aktivitäten in Kiel am 4. November 1918 greift das revolutionäre Klima auf das übrige Reichsgebiet über. Die Monarchen der Länder üben Thronverzicht. In Berlin bricht die Revolution am 9. November aus. Kurz bevor Karl Liebknecht die «Freie Sozialistische Republik Deutschland» ausrufen kann, proklamiert Philipp Scheidemann die «Freie deutsche Republik». Prinz Max übergibt die Regierungsgeschäfte an den Sozialdemokraten Friedrich Ebert, der erster deutscher Reichspräsident der Weimarer Republik wird. Wilhelm II. dankt ab und flieht nach Holland. Am 11. November ruhen die Waffen an der Westfront. Ein ausgehungertes, zermürbtes, politisch desorientiertes, von stolzen Siegermächten zur Übernahme der Alleinkriegsschuld und zu maßlosen Reparationsleistungen verurteiltes Volk erlebt die Revolution. Doch was für eine Revolution?

Eine der demokratischen Staatsform entfremdete, ja ablehnend gegenüberstehende Kirche und Pfarrerschaft träumt den Traum von der «guten alten Zeit». Die Zahl derer, die als Theologen der Besinnung auf eine geistig-religiöse und gesellschaftliche Erneuerung fähig ist, erweist sich als klein, als zu klein. «Gut kirchlich-evangelisch und politisch konservativ sein, war eine selbstverständliche Gleichung . . . Die Demokratie blieb ein Fremdkörper in ihren Erwägungen», urteilt der Berliner Kirchenhistoriker Karl Kupisch.[39] Das sozialistische Gedankengut fand bei der Kirche kein Echo. Anders bei Paul Tillich, der im Blick auf die Nachkriegsjahre schreibt: *Ich bejahte das soziale Element der Revolution schon vor 1918. Es war das Element, das bald nach Kriegsende unterdrückt wurde, und zwar durch die Einmischung der Sieger, durch die Schwäche der Sozialisten und durch die Notwendigkeit, mit Waffengewalt gegen die Kommunisten vorzugehen, ferner durch Inflation und das Erstarken der reaktionären Kräfte in der Mitte der zwanziger Jahre.*[40] Tillich gibt in diesem Zusammenhang zu, daß seine Sympathie für die sozialen Probleme der deutschen Revolution *etwas mühsam* aufzuzeigen seien. Er vermutet, daß der Impuls für das Revolutionäre ihm irgendwie im Blut liegen müsse, weil seine Großmutter – er sagt nicht, welche – einst auch bei der Revolution von 1848 Barrikaden bauen half. *Vielleicht wirkten aber auch die Prophetenworte gegen die Ungerechtigkeit und die Worte Jesu gegen die Reichen, die mich tief beeindruckt hatten – Worte, die ich in früher Jugend auswendig gelernt hatte.*

Nun sind die Vokabeln «sozial» und «sozialistisch» sehr unterschiedlicher Deutung zugänglich. Deshalb versäumt es Tillich in den autobiographischen Aufzeichnungen nicht, seine Beziehung zu Karl Marx zu erläutern: Diese Beziehung war – ganz ähnlich wie die zum Idealismus – *immer dialektisch, verband also das Ja und das Nein. Ja sagte ich zu den prophetischen, humanistischen und realistischen Elementen in Marxens leiden-*

Revolution 1918, Berlin

schaftlichem Stil und tiefem Denken; Nein sagte ich zu den kalt berechnenden, materialistischen und von Ressentiment diktierten Elementen in seinen Analysen, Streitschriften und seiner Propaganda. Wenn man Marx für alles verantwortlich machen würde, was Stalin und sein System bewirkt haben, wäre ein unzweideutiges Nein gegenüber Marx die notwendige Konsequenz.[41] Tillichs Wertschätzung des Marxismus ist vor allem in jenen Jahren groß, als er die Zeit für gekommen hält, in der die Umbruchssituation eine Chance für eine neue Gestaltung bietet, und zwar nicht nur nach 1918, sondern auch und gerade im Schicksalsjahr 1933. In *Die sozialistische Entscheidung* – schon der Titel übt eine Signalwirkung aus – heißt es beispielsweise:

Der Aufweis der Disharmonie in der bürgerlichen Gesellschaft, die Enthüllung der Klassensituation, war die größte und erfolgreichste Leistung der marxistischen Ideologielehre. Durch sie wurde das sozialistische Prinzip zu allererst erfaßt, wurde das Wissen des Proletariats um sich selber geschaffen, wurde der proletarische Kampf zu weltgeschichtlicher Bedeutung erhoben. Die materialistische Geschichtsauffassung gehört darum wesenhaft und untrennbar zum Sozialismus, solange er im Kampf steht mit der bürgerlichen Gesellschaft. Aber auch darüber hinaus behält sie ihre Gültigkeit.[42] Für einen christlichen Theologen sind das zu diesem Zeitpunkt sicher ungewöhnliche, um nicht zu sagen: mißverständliche Sätze. Durch ihre Prämisse und durch ihren Kontext ist dieses Plädoyer für den Sozialismus bzw. Marxismus freilich hinreichend abgesichert, und zwar angefangen von Tillichs erster Veröffentlichung zu diesem Themenkreis. Es handelt sich um die 1919 gemeinsam mit Richard Wegener publizierten Thesen *Der Sozialismus als Kirchenfrage*, die das Verhältnis des Christentums zu den Gesellschaftsformen überhaupt und zur sozialistischen im besonderen behandelt, um schließlich die Aufgaben der Kirche gegenüber dem Sozialismus und seinen Parteien zu umreißen. Es geht also nicht etwa um bloße Parteinahme für die sozialistische Ideologie und Aktion, losgelöst von ihren geistig-religiösen Wurzeln, sondern um eine Verhältnisbestimmung. Eine Aufgabe der Kirche hat es demnach zu sein, die verlorene soziale Dimension für das Christentum zurückzugewinnen, die das verbürgerlichte Kirchentum trotz Diakonie und Innerer Mission längst preisgegeben hat. Bedenkt man, daß die um ihren gesellschaftlichen Einfluß besorgte Kirche heute noch versucht ist, abgewanderte Bevölkerungsgruppen für sich zu interessieren, also Eigeninteressen zu verfolgen, statt «Kirche für andere» zu sein, dann verdient Tillichs These Beachtung, wonach die Kirche darauf verzichten solle, *die Arbeiterschaft ... zu gewinnen ... Der sozialistische Arbeiter sieht mit Recht in der gegenwärtigen Kirche eine Verbündete des kapitalistischen Klassenstaates und in ihren Einrichtungen und Lebensformen eine bürgerliche Schöpfung.* Weiter gibt Tillich zu bedenken, daß der Sozialismus gar nicht nur die Sache einer Klasse, etwa die der Arbeiter sei, *sondern ein neues ethisches Ideal, das für alle Kreise Geltung hat*[43]. Ansätze für ein gesellschaftliches Umdenken werden sichtbar.

Berücksichtigt man im übrigen die Zeitlage, dann ist die *ekstatische* Aufbruchsstimmung des Dreiunddreißigjährigen verständlich, der ausruft: *Ein neues Zeitalter der Einheit hebt an; der Sozialismus wird seine*

Karl Marx. London, Juni 1880

wirtschaftliche und gesellschaftliche Grundlage bilden. Das Christentum aber steht vor der Aufgabe, dieser Entwicklung seine sittlichen und religiösen Kräfte zuzuführen und dadurch eine neue große Synthese von Religion und Gesellschaftskultur anzubahnen.[44] Der Sozialismus, dem Tillich den Weg bereiten helfen möchte, ist somit im Ansatz «religiöser bzw. christlicher Sozialismus». Deshalb heißt es in der an diese Thesen anschließenden Schrift *Christentum und Sozialismus* (1920) von dem Gegenüber von Christentum und Sozialismus – *das ist nicht ein Problem vergleichender Begriffsanalyse, sondern das ist ein Wille, eine schaffende Synthese, ein*

In Berlin

Wurf in unbekannte Weiten ... So müssen Christentum und Sozialismus sich fortentwickeln und eins werden in einer neuen Welt- und Gesellschaftsordnung, deren Grundlage eine durch Gerechtigkeit gestaltete Wirtschaftsordnung, deren Ethos eine Bejahung jedes Menschen um deswillen, daß er Mensch ist, und deren religiöser Gehalt ein Erleben des Göttlichen in allem Menschlichen, des Ewigen in allem Zeitlichen ist.[45]

Obwohl die soziale Frage aus dem Gesamtwerk Tillichs nicht wegzudenken ist, läßt sie sich doch eher mit einem Faktor innerhalb eines größeren Ganzen vergleichen, auch in biographischer Hinsicht. Denn nachdem Tillich aus dem Feld nach Berlin zurückgekehrt ist, hegt er keinen Zweifel mehr, welcher berufliche Weg vor ihm liege. *Du bist dem Wesen nach Konsistorialrat von jeher*, schrieb er Anfang 1917 an Johannes Tillich, *und ich Professor von jeher.*[46] Ihm liege die Seelsorge und die

Predigt ebensowenig wie dem Vater. Nun lassen sich aus derlei Einsichten nicht immer die wünschenswerten Folgerungen ziehen. Doch Paul Tillich hat Glück.

An der Berliner Friedrich-Wilhelms-Universität findet der Lizentiat der Theologie eine Stellung als Privatdozent. Habilitieren konnte sich Tillich schon während des Kriegs (1916) an der Universität Halle. Und so findet man im Vorlesungsverzeichnis des Sommersemesters 1919 eine Wochenstunde über *Das Christentum und die Gesellschaftsprobleme der Gegenwart* angekündigt. *Die religiösen und philosophischen Grundlagen der politischen Richtungen* ist die ebenfalls einstündige Vorlesung im Zwischensemester betitelt, Themen, die sich vor allem aus der aktuellen Problemlage heraus verstehen. Dagegen weisen die Themen der beiden je einstündigen Vorlesungen des Wintersemesters 1919/20 *Enzyklopädie der Theologie und Religionswissenschaft* sowie *Religion und Kultur* auf das Leitmotiv des künftigen systematischen Theologen hin. Die autobiographischen Aufzeichnungen für diese ersten Jahre der akademischen Lehrtätigkeit in Berlin deuten an, daß Tillichs Leben *intensiver und zugleich extensiver* geworden sei. Für die Gültigkeit dieses Urteils spricht der Umstand, daß – abgesehen von dem an der Front erlittenen *Knacks* – Tillich offenbar als ein Verwandelter aus dem Krieg zurückgekehrt ist. Aus dem schüchtern wirkenden, zurückgezogen lebenden «Studierstubenmenschen» ist ein Mann geworden, der die Vielfalt der kulturellen und gesellschaftlichen Angebote der Reichshauptstadt begierig in sich aufnimmt und sich kritisch mit ihnen auseinandersetzt.

In seinen Vorlesungen und im lebhaften gedanklichen Austausch mit seinen Studenten schlägt sich dieses *intensive und extensive* Leben nieder. Schon in der Antrittsvorlesung, in der Tillich Irrtümer in Ludwig Feuerbachs Religionstheorie entlarvt, lenkt er die Aufmerksamkeit Geistesverwandter auf sich. Adolf Müller berichtet darüber: «Die Gedankenführung und die Selbstgewißheit des jungen Dozenten ließen aufhorchen ... Schon nach der Einleitung der Vorlesung war zur allgemeinen Überraschung zweierlei klar: Dieser Theologe hatte den Krieg nicht anders mit all seinen Schrecken erlebt als seine Hörer, aber auch verarbeitet und bewältigt. Er stand ganz mit beiden Füßen in der Gegenwart und ihrer grundstürzenden Problematik, aber er war auch durchdrungen von dem Bewußtsein, daß ein Kairos angebrochen und ein Neues im Kommen sei. Etwas von diesem Umbruch hatte Deutschland in seinem militärischen und politischen Zusammenbruch erfahren und erfährt es in den Wirren der Nachkriegszeit noch immer ...»[47]

Statt nur vom Katheder herab zu dozieren, pflegt sich Tillich als Dialogpartner bisweilen vor seinen Zuhörer zu stellen, von denen viele noch in der ausgedienten Uniform zur Vorlesung erschienen sind. So schließt sich an die Vorlesung oft eine zwanglose Diskussion an, das heißt, sie geht in eine Unterredung über. Müller berichtet weiter: «Von selbst ergab es sich, daß man nicht bei seiner Vorlesung stehen blieb. Man kam auf Rudolf Steiners ‹Anthroposophie› zu sprechen, auf Friedrich Rittelmeyers ‹Christengemeinschaft›, auf Karl Heims Versuch, die Religion durch eine neue Interpretation Kants zu begründen, auf Oswald Spenglers ‹Untergang des Abendlandes› oder auf Georg Simmels ‹Rembrandt›. Die

Arbeiterviertel in Berlin

Diskussionsstunde wurde von selbst zur aktuellen Stunde. Bei diesen Auseinandersetzungen ging Tillich nicht direkt auf sein Ziel los, er ging es zunächst von allen Seiten an, zeigte das Für und Wider, bis aus der Umfassung schließlich in einem scharf formulierten Satz die Antwort sich herausschälte.» Bald muß der kleine Vorlesungsraum durch einen größeren ersetzt werden.

Weitere Zeugnisse liegen vor, die zeigen, wie Tillich auf die Studenten wirkte. Da bemerkt ein Theologiestudent: «Seine Diktion ist glänzend, sein Gedankenschwung geradezu berauschend, für ästhetisch veranlagte Menschen ist sein Kolleg eine Quelle geistigen Genusses, wozu ein sympathisches, menschliches Wesen zweifellos beiträgt.» Weniger behagt dem Berichterstatter, daß der Dozent den föderalistischen Anarchismus eines Gustav Landauer positiver als allgemein üblich einschätzt. Landauer, der nahe Freund Martin Bubers, wurde in jenem Frühjahr 1919 im Zusammenhang mit der Niederschlagung der Münchener Räterepublik ermordet. – Margot Hahl, eine andere Tillich-Schülerin aus der Berliner Zeit, vergleicht Tillichs Diktion mit derjenigen des in jenen Jahren gefeierten Ernst Troeltsch, «ungeheuer intensiv, sprudelnd lebendig, bereit, die Sache in spontan gefundenen Definitionen neu zu formulieren, bereit, jedes Novum mit ins Kolleg hineinzunehmen – es war niemals langweilig und forderte zum Mitdenken heraus»[48].

So wie Tillich zeitgenössische Geistesströmungen und politische Ereignisse zum Gegenstand der Betrachtung macht, schenkt er auch der modernen Kunst Aufmerksamkeit. So ist es für ihn selbstverständlich, die systematische Arbeit mit der jeweiligen Aktualität zu verbinden, etwa mit der gerade im Kronprinzenpalais stattfindenden Franz Marc-Ausstellung: Am «Turm der blauen Pferde», an den «Tierschicksalen» und an ähnlichen inzwischen berühmt gewordenen Werken wird das neue Form- und Farbenerlebnis des im Krieg gefallenen Künstlers aufgezeigt. Gegenstand der Diskussion mit den Studenten ist die existentielle Not des Proletariats ebenso wie das revolutionäre Theater (Piscator; Toller) oder das klassische unter Max Reinhardt. Die Teilnahme am Leben Berliner Künstler bedeutet für den konservativ-preußisch erzogenen Pfarrerssohn und an enge Moralmaßstäbe gebundenen Wingolfiten eine Befreiung. Der mit seiner Frau in Scheidung lebende Paul Tillich begegnet auf einem Berliner Maskenball im Februar 1920 der vierundzwanzigjährigen Hannah Werner, Zeichenlehrerin in Berlin-Neukölln. Die enge Freundschaft beider überdauert eine gleichsam als Intermezzo geschlossene Ehe mit Albert Gottschow. Als beide, Paul Tillich von Margarete Wever, Hannah Werner von Albert Gottschow, geschieden sind, heiraten sie am 22. März 1924. Es wurde eine überaus bewegte, vielen Belastungen ausgesetzte Ehe. In einer nicht unproblematischen Autobiographie vergleicht Hannah Tillich das Aussehen ihres Mannes in jenen frühen Jahren mit einem Riemenschneider-Bildwerk: «Er war ein Magier des Herzens [mind] . . . Paulus war die Erfüllung meiner Weltauffassung . . . Paulus war eine kosmische Macht.»[49]

Zu dem bewegten Leben gehören auch die offenen Abende in Tillichs Wohnung in Berlin-Friedenau. «Man fand sich kurz vor 20 Uhr ein, wurde von Tillich empfangen und jedem Anwesenden mit ein paar Worten – er kannte seine Studenten – vorgestellt und an einen Platz gewiesen. In seinem Arbeitszimmer waren zwei Tische aufgestellt: ein Tisch für die Herren, ein Tisch für die Damen. An dieser Einteilung wurde streng festgehalten. Zur Erfrischung gab es Zitronenlimonade; alle seine Abende mußten alkohol- und nikotinfrei sein. Er setzte sich in seinen Armstuhl an die obere Seite des Herrentisches und leitete mit einem Überblick über aktuelle Dinge den Abend ein . . .»[50] Doch zur Sprache kommt alles, was die Gemüter bewegt. «Wir verließen die Abende nicht nur angeregt, sondern erfüllt und glücklich», erzählt Anna M. Fehling.

Nimmt man die einzelnen Elemente der Teilnahme und der Besprechung gesellschaftlicher und kultureller Bezüge zusammen, dann ergibt sich für einen synthetischen Denker von der Art Paul Tillichs das Bedürf-

Karl Barth

nis, die *Idee einer Theologie der Kultur* sichtbar zu machen. *Die Situation in Berlin war in diesen Jahren für einen solchen Versuch sehr günstig*, so betont er selbst. *Die politischen Probleme bestimmten unsere ganze Existenz, auch nach der Revolution und Inflation waren sie für uns eine Frage von Leben und Tod. Die soziale Struktur befand sich in einem Zustand der Auflösung. Die menschlichen Beziehungen – Autorität, Erziehung, Familie, Sexus, Freundschaft und Vergnügen – befanden sich in einem schöpferischen Chaos. Die revolutionäre Kunst trat immer mehr in den Vordergrund, von der Republik unterstützt, von der Mehrheit des Volkes angegriffen. Psychoanalytische Ideen breiteten sich aus und hoben Wirklichkeiten ins Bewußtsein, die von früheren Generationen sorgsam unterdrückt worden waren. Die Teilnahme an dieser Entwicklung schuf mannigfaltige Probleme, Konflikte, Befürchtungen, Erwartungen, Ekstasen und Zweifel, sowohl praktisch wie theoretisch. Zugleich ergab sich daraus Material für eine apologetische Theologie.*[51] Im Grunde ist damit schon der Stoff für die *Systematische Theologie* im weitesten Sinn des Wortes bezeichnet.

Zu den ersten Arbeiten Tillichs, die, abgesehen von seinen akademischen Vorlesungen, diesem Themenkreis gewidmet sind, gehört der Vortrag *Über die Idee einer Theologie der Kultur,* gehalten im Frühjahr 1919 vor der Berliner Kant-Gesellschaft. Die Bedeutung dieses Vortrags liegt offensichtlich darin, daß es Tillich hier unternimmt, gegenüber der traditionellen *Kirchentheologie* eine *Kulturtheologie* zu umreißen, und zwar gemäß dem Motto: *Das Religiöse ist aktuell in allen Provinzen des Geistigen.* Religion ist nicht ein Sektor innerhalb des Kulturkanons, sondern dessen Basis. Es geht letztlich um die Herausarbeitung der *religiösen Substanz der Kultur,* so der Titel des neunten Bandes der *Gesammelten Werke,* der einschlägige Arbeiten vereint. Kirchentheologie und Kulturtheologie schließen sich nach Tillich keinesfalls aus, sie ergänzen einander. Während der Kirchentheologe grundsätzlich der konservativere ist, rückwärts gewandt und an der Reformation von einst orientiert, hat der Kulturtheologe, als der sich Tillich selbst versteht, solche «Rück»-Sichten nicht zu üben, *er steht frei in der lebendigen Kulturbewegung, offen nicht nur für jede andere Form, sondern auch für jeden neuen Geist. Zwar lebt auch er auf dem Boden einer bestimmten Konkretheit; denn «leben» kann man nur in einem Konkreten; aber er ist jederzeit bereit, diese Konkretheit zu erweitern, zu verändern; er hat als Kulturtheologe kein Interesse an einer kirchlichen Kontinuität; er ist damit freilich auch im Nachteil gegenüber dem Kirchentheologen, weil er in Gefahr ist, religiöser Modeprophet einer in sich unsicheren, zwiespältigen Kulturentwicklung zu werden.*[52]

Diese Zeilen schreibt Tillich zu einem Zeitpunkt nieder, in dem ein anderer Theologentypus, eben ein *Kirchentheologe* an die Öffentlichkeit drängt, fest entschlossen, das angebliche «Bindestrichchristentum» («Christentum und Sozialismus»; «Christentum und Kultur» u. ä.) ad absurdum zu führen. Es ist Karl Barths «Römerbrief»-Kommentar (1919), der vor allem von der veränderten zweiten Auflage ab auf starke Beachtung stößt. Auch Tillich gehört zu den ersten Lesern dieses von Lehrautoritäten wie Adolf von Harnack prinzipiell abgelehnten Buches. Paul Tillich ist von der Entschiedenheit und von dem prophetischen Pathos angerührt. Nicht zu übersehen ist jedoch die innere Gegensätzlichkeit, die sich bereits darin dokumentiert, daß Tillich unbefangen von Religion zu sprechen vermag, ja, daß er sogar einen Systementwurf für eine Theologie der Kultur vorzulegen in der Lage ist, während Barth das Ende aller Religion, die nicht Christusoffenbarung ist, gekommen sieht, weshalb er die Krise aller menschlichen Kultur ausruft. So betrachtet, könnte der Gegensatz zwischen Karl Barth und Paul Tillich kaum größer sein, sieht man einmal von der Gemeinsamkeit theologischer Grundüberzeugungen ab, wie sie etwa im Paradox der Rechtfertigung des Gottlosen gegeben ist. Wo Tillich ein *schöpferisches Chaos* für Ansatzpunkte zu einer umfassenden religiösen und kulturellen Neugestaltung zu erkennen vermag, da gibt es für den in seiner Art radikalen Kirchentheologen Barth nur ein kompromißloses «Nein» – so der bezeichnende Titel einer Absage an seinen theologischen Gesinnungsgenossen Emil Brunner. Die für viele überraschende innerkirchliche Barth-Rezeption am Beginn der zwanziger Jahre und während der politisch wie kirchenpolitisch stürmischen dreißiger Jahre sollten schließlich darüber entscheiden, welcher der beiden von Tillich genannten Typen protestantischer Theologie als zeitgemäß empfunden wurde. Es ist eben nicht der von Tillich vertretene Typus einer nach allen Seiten, für alle Bereiche menschlicher Wirklichkeit offenen *Kulturtheologie*, sondern es ist der Typus der *Kirchentheologie*, die unter bewußtem Verzicht auf eine religiöse Durchdringung der Wirklichkeit «Theologie und nur Theologie [treibt] . . . als wäre nichts geschehen», so Karl Barth 1933.[53] Die Wirksamkeit des einen wie die Notwendigkeit des anderen Typus läßt sich unschwer einsehen.*

Ehe wir Tillichs weiteren Entwicklungsweg verfolgen, soll hier – vorausgreifend – nochmals der Blick auf jene Gebiete seines Interesses gelenkt werden, die während der Berliner Jahre, aber auch darüber hinaus für ihn von beträchtlicher Bedeutung waren: auf seine Aktivitäten im Zusammenhang eines religiösen Sozialismus und im Umkreis von Bestrebungen für eine religiöse Erneuerung.

* Vgl. Gerhard Wehr: «Karl Barth». Gütersloh 1979

Zielbild eines religiösen Sozialismus

In seinen autobiographischen Aufzeichnungen *Auf der Grenze*, die er als Fünfzigjähriger schrieb, weist Paul Tillich darauf hin, daß die Gedankenwelt des religiösen Sozialismus mehr und mehr der Kristallisationspunkt seines Denkens geworden sei. Der Sozialismus als solcher ist für ihn zu dieser Zeit *mehr als eine Wirtschaftsordnung, er ist eine Gesamtordnung der Existenz, er ist die im gegenwärtigen Kairos geforderte und erwartete Form der Theonomie*[54].

Tillichs Einstellung zum Sozialismus im allgemeinen, zum religiösen Sozialismus im besonderen ergibt sich aus biographischen und zeitgeschichtlichen Entwicklungen. Erst am Ende des Weltkriegs, als die proletarischen Massen aufbegehren und die lange verdeckte Krisensituation in Gesellschaft und Kirche allgemein sichtbar wird, nimmt Tillich den *Ruf nach religiös-sozialistischer Gestaltung* wahr. *Der ungeheure Druck, der während des Krieges auf uns gelegen hatte und der den Gottesgedanken zu verdunkeln oder dämonisch zu färben drohte, fand eine Entlastung in der Erkenntnis der menschlichen Verantwortung für den Krieg und in der Hoffnung auf eine Neugestaltung der menschlichen Gesellschaft.*[55]

Weil Tillich erkennt, daß diese Neugestaltung nicht allein den Parteien der soeben (1919) begründeten Weimarer Republik noch den in staatskirchlichen Schablonen denkenden, vergangenen Zuständen nachtrauernden Landeskirchen überlassen werden könne, richtet er sein Interesse auf die Bewegung der religiösen Sozialisten, die sich in einer Reihe von zahlenmäßig kleinen Gruppen, Bünden und Arbeitskreisen zu organisieren beginnt. Der dreiunddreißigjährige Privatdozent begründet zusammen mit Berliner Freunden – unter ihnen Carl Mennicke und Eduard Heimann – eine eigene religiös-sozialistische Arbeitsgemeinschaft. Angeregt von Männern wie dem württembergischen Pfarrer und sozialdemokratischen Landtagsabgeordneten Christoph Blumhardt, den Schweizer Theologen Hermann Kutter und Leonhard Ragaz, war schon um die Jahrhundertwende eine religiös-soziale Bewegung entstanden. Ihr Ziel war es, die neutestamentliche Botschaft vom Reich Gottes mit konkretisierbaren politisch-gesellschaftlichen Zielvorstellungen zu verbinden. Es war nicht nur zu prüfen, was die Lehre eines Karl Marx zur Lösung der drängenden sozialen Frage zu bieten hatte. Viel schwieriger war die Aufgabe dieser von ihrer Kirche als unliebsame Außenseiter gebrandmarkten Theologen, die verfaßte Kirche aufzurütteln und mit ihrer gesellschaftspolitischen Verantwortung zu konfrontieren. Seit den Tagen Mar-

Thomas Müntzer

tin Luthers und seit dem Scheitern eines Thomas Müntzer* hatte sich der Protestantismus, vor allem der lutherischer Prägung, um das Seelenheil des einzelnen gekümmert, die Dimension der sozialen Gerechtigkeit jedoch vernachlässigt. Wohl war im Zeitalter der industriellen Revolution eine karitativ hilfreiche und notwendige Innere Mission entstanden, die Männern wie Johann Hinrich Wichern und Friedrich von Bodelschwingh zu verdanken ist. Diese Aktivitäten christlicher Nächstenliebe setzte die bestehende politische Ordnung jedoch als «gottgegeben» voraus. Zu einer umfassenden Neugestaltung des gesellschaftlichen Lebens vermochte diese vor allem von der Initiative einsatzfreudiger Einzelner getragene Bewegung nicht durchzustoßen.

Tillich hält nach Geistesverwandten Ausschau. Der Kreis, der sich um ihn schart, ist und bleibt klein. Neben Mennicke und Heimann sind noch Adolf Löwe, Alexander Rüstow und Günther Dehn[56] zu nennen. Im Grunde handelt es sich nach Mitgliederzahl und Arbeitsweise um einen Gesprächskreis, der sich der Klärung grundsätzlicher Probleme widmet und das erarbeitete Gedankengut in dem eigens dafür geschaffenen Organ «Blätter für religiösen Sozialismus» (1920–27) publiziert. «Es geht dieser Gruppe ausdrücklich um theoretische Klärung», berichtet der aus der jungsozialistischen Bewegung kommende, von dem religiösen Sozialisten Tillich der zwanziger Jahre beeindruckte August Rathmann; «ihr

* Vgl. Gerhard Wehr: «Thomas Müntzer in Selbstzeugnissen und Bilddokumenten». Reinbek 1972 (= rowohlts monographien. 188)

Arbeitsziel ist jedoch letztlich politisch. Es ist ein kleiner esoterischer Kreis, der sich, wie Günther Dehn erinnert, in gründlicher Besinnung auf die echte Gestalt des Sozialismus vorbereiten will und ihn soziologisch wie philosophisch und theologisch zu begründen sucht.»[57]

Von einer Einwirkung auf die breite Öffentlichkeit kann demnach nicht die Rede sein. Sie ist auch zunächst gar nicht beabsichtigt, da die Erkenntnisarbeit Vorrang hat. 1929 schließt sich Tillich der SPD an, ohne jedoch eine nennenswerte Aktivität zu entwickeln. Durch August Rathmann wissen wir immerhin von einer frühen Ansprache bei einer Parteiversammlung der damaligen USPD im Mai 1919. Dadurch erregt der Theologe das Mißfallen seiner brandenburgischen Kirchenleitung, das heißt des Konsistoriums, dessen Mitglied Johannes Tillich ist. Paul Tillich antwortet auf die kirchenamtliche «Anfrage» vom 16. Mai 1919, indem er vor allem grundsätzliche Erwägungen über das Verhältnis von *Christentum und Sozialismus* anstellt:

Wir sind der Überzeugung, daß das Christentum, wie die Religion überhaupt, seinem Wesen nach ein Erlebnis Gottes in und über allen Dingen ist, ein Erlebnis, das zu jeder Zeit und in jeder Lage möglich und an sich unabhängig ist auch von jeder gesellschaftlichen und wirtschaftlichen Form.

Wir lehnen deshalb alle Versuche ab, das Christentum mit einer Gesellschaftsordnung gleichzusetzen und es seines innerlichen, persönlichen Charakters zu berauben.

Wir wissen aber auch, daß das Christentum die Kraft und den Willen in sich trägt, das Menschheitsleben von sich aus zu gestalten, sei es die Erkenntnis der Wahrheit, sei es das Werden der Einzelpersönlichkeit, sei es das Leben der Gesellschaft. – Wir lehnen deshalb ebenfalls jede Form des Christentums ab, die es bei der reinen Innerlichkeit festhalten will.[58]

Auf Grund der Tatsache, daß große Teile der protestantischen Pfarrerschaft und des von ihr beeinflußten Kirchenvolks dem monarchistisch-deutschnationalen Gedankengut verhaftet sind, vermutet Tillich sicher zu Recht, *daß es sich nicht um politische Tätigkeit überhaupt, sondern um politische Tätigkeit bei einer bestimmten Partei, nämlich der Unabhängigen Sozialdemokratischen Partei Deutschlands* (USPD) handelt, was man ihm ankreidet. Deshalb findet sich in seiner Erklärung an die brandenburgische Kirchenleitung der für das Jahr 1919 keinesfalls selbstverständliche Hinweis, *daß es dem Christentum möglich und notwendig ist, mit jeder Wirtschafts- und Gesellschaftsform in Verbindung zu treten, auch mit dem Sozialismus, und daß eine prinzipielle Ablehnung des Sozialismus im Namen des Christentums der Universalität des Christentums widerspricht*[59]. Man sieht, daß auch der religiöse Sozialist Tillich weitere und tiefere Horizonte vor Augen hat als jene, die befürchten, er agitiere lediglich für eine politische oder ethische Teilproblematik, wenn nicht gar für eine Partei.

Tillich zieht den Schluß: *Ist somit weder in der sozialistischen Idee noch in den sozialistischen Parteien ein grundsätzlicher, im Wesen liegender Gegensatz gegen Christentum und Kirche enthalten, ist vielmehr die Sehnsucht nach einer Erfüllung mit sittlich-religiösem Geist in weiten Kreisen des Sozialismus lebendig, so ergibt sich daraus die Notwendigkeit einer positiven Stellungnahme der Kirche gegenüber Sozialismus und Sozialdemokratie.*[60]

Unter einer positiven Einstellung versteht der Verfasser dieser Antwort nicht eine sogenannte «christliche Sozialreform», die gemäß der bis dahin üblichen Praxis auch und gerade in der Diakonie der Kirche ein *Mittel zur Erhaltung der prinzipiellen kapitalistischen Gesellschaftsform durch Abschneiden ihrer schlimmsten Auswüchse* erblickt. Man mag in diesem Zusammenhang an Reformansätze denken, wie sie am Ende des 19. Jahrhunderts unter anderen durch Viktor A. Huber, Rudolf Todt, Adolf Stoecker oder durch Friedrich Naumann mit unzureichenden Ergebnissen versucht worden sind. Tillich denkt in diesem Augenblick offensichtlich nicht an eine systemimmanente Sozialreform, sondern an eine radikale Veränderung des Systems selbst, und zwar unter ausdrücklicher Berufung auf die verwandelnde Liebe Christi. Aus dieser Perspektive heraus kann er schreiben:

Es entspricht dem Geist der Liebe mehr, das Übel selbst auszurotten, als die Leiden, die es immer wieder bringt, durch Teilmaßregeln mildern zu wollen; es ist das höhere Ziel, die Voraussetzungen des Almosengebens aufzuheben, als die Armut durch Almosen zu lindern; es ist das höhere Ziel, die Grundlagen des wirtschaftlichen Elends zu vernichten, als die Verelendeten durch die Werke der christlichen Liebestätigkeit oder eine «soziale Gesetzgebung» aus dem Schlimmsten zu retten; es ist ein höheres Ziel, die Möglichkeit des wirtschaftlichen Egoismus zu unterbinden, als ihn durch Arbeiterschutzgesetze oder den Appell an die Pflicht patriarchalischer Fürsorge einzuschränken . . .[61]

Sicher kann man das, was Tillich hier über das Verhältnis von Christentum und Sozialismus im Hinblick auf die schweren Nachkriegsjahre aussagt, als die Thesen eines Theoretikers relativieren. Und doch verdienen Tillichs Gedanken in den geschichtlichen Kontext der nachfolgenden Jahre und Jahrzehnte gestellt zu werden, in denen die deutschen Landeskirchen eher geneigt waren, sich dem politischen Trend nach rechts anzupassen, als die nach dem Ersten Weltkrieg gebotene Selbstbesinnung zu üben und damit den verhängnisvollen Anfängen des Nationalsozialismus zu wehren. Die fällige Revolution – theologisch: Metanoia-Umkehr – der Kirche fand gar nicht erst statt. Und so lautet eines der Resultate deutscher Kirchenpolitik jener Jahre: «Die ‹Gefahr› einer ‹revolutionären› Neuordnung der Kirche ‹von unten› her war mit den einfachsten Mitteln, ohne den geringsten Aufwand von Theologie oder sonst einer geistlichen Begründung, endgültig abgeschlagen . . .»[62] Tillichs eigene Bundesbrüder, die Wingolfiten, geben ihm Anlaß, einerseits das Wesen des von ihm gemeinten religiösen Sozialismus zu bestimmen, andererseits sich gegenüber dem überkommenen religiös verbrämten Nationalismus der Kirche und Gesellschaft eindeutig abzugrenzen.[63]

Zu den zentralen Begriffen, die der religiöse Sozialist Tillich verwendet hat und die durch ihn aufs neue mit Inhalt erfüllt wurden, gehört die Vokabel «Kairos». Im Gegensatz zu «Chronos», das einen linearen Zeitablauf, eine Zeitquantität meint, deutet das griechische Wort Kairos auf eine Zeitqualität hin. *Es bedeutet den mit unbedingtem Gehalt und unbedingter Forderung erfüllten Zeitmoment. Es enthält keine Weissagung auf*

Johann Hinrich Wichern

eine nähere oder fernere Zukunft; soweit es derartiges mitschwingen läßt, gesellt sich Mantik zur Prophetie und Irrtumsmöglichkeit zur unbedingten Gewißheit. Aber Kairos bedeutet auch nicht eine bloße Forderung, ein bloßes Ideal. Soweit derartiges mitschwingt, ist es entweder als Blickrichtung gemeint, nicht als Wirklichkeit, oder es ist Utopie. Kairos ist der erfüllte Zeitmoment, in dem das Gegenwärtige und Zukünftige, das gegebene und das geforderte Heilige sich berühren und aus dessen konkreten Spannungen die neue Schöpfung hervorgeht.[64]

Worin besteht nun der Bezug zum religiösen Sozialismus? – Für Tillich ist der Kairos-Begriff ein Grenzbegriff zwischen Luthertum und Sozialismus und als solcher für den deutschen religiösen Sozialismus charakteristisch. *Er soll zum Ausdruck bringen, daß der Kampf um eine neue soziale Ordnung nicht zu einer Erfüllung im Sinne des Reiches Gottes führen kann, daß aber in einer bestimmten Zeit bestimmte Aufgaben gestellt sind, ein bestimmter Aspekt des Reiches Gottes sich zeigt als Forderung und Erwartung.*[65]

Als Grenzbegriff zwischen Luthertum und Sozialismus sagt Kairos etwas aus zum reformatorischen Zentralthema der Gnade und der sogenannten guten Werke. Auch zu diesem Aspekt äußert sich Tillich, denn *Kairos bedeutet . . . nicht ein Ruhen im Gegebenen oder gar eine romantische Rückwendung, sondern es bedeutet ein neues Durchbrechen von Gehalt in die Form, ein neues Durchbrechen der Gnade durch das Gesetz. Es bedeutet eine neue Lösung der ewigen Aufgabe, die jeder geschichtlichen Periode gestellt ist: in der Form des Bedingten das Unbedingte darzustellen, Symbol zu sein für die ewige unfaßbare Einheit von Grund und Abgrund, von Form und Leben.* So betrachtet ist Kairos *Forderung und*

Gabe in einem. *Wäre er nur Forderungen, so wäre er ein neues Gesetz. Wäre er nur Gabe, so wäre er Heiligung vergangener Macht. Der Sinn des dialektischen Denkens ist von hier aus nichts anderes als die Gewißheit, in dieser Gnade zu stehen. Denn historisches Schicksal ist Gnade.*[66] Konkret heißt das doch: Paul Tillich erblickt in der Nullpunktsituation des politischen, wirtschaftlichen und moralischen Zusammenbruchs nach dem Ersten Weltkrieg und in einer geistig-religiösen Orientierungslosigkeit die Chance, aber auch die Verpflichtung zu Besinnung und Umkehr. Eine Kirche, die sich ihrer Verkündigungsaufgabe bewußt sein möchte, versäumt allzu leicht, Konsequenzen zu ziehen, die sich bis in die kulturelle und gesellschaftliche Gestaltung hinein erstrecken. Und eine auf gesellschaftliche Veränderung dringende Partei erschöpft sich in der Regel in den Versuchen, ihre Ziele durchzusetzen. Hier hat der religiöse Sozialismus als Korrektiv einzusetzen.

Tillich spricht einmal vergleichsweise von zwei Linien, einer Horizontalen und einer sie kreuzenden Vertikalen, um sein Anliegen deutlicher zu machen. Die Horizontale, das heißt *die Linie nach vorne*, drückt dabei den aktiven, gestaltenden, Welt und Gesellschaft verändernden Willen aus. In der proletarischen Bewegung, die darum kämpft, für den lohnabhängigen Menschen neue Verhältnisse zu schaffen, manifestiert sich dieser Wille. Das andere ist die *Linie nach oben* (bzw. von oben). *Die christliche Frömmigkeit, vor allem in ihrer lutherischen Ausprägung, hat die Linie nach vorn vernachlässigt zugunsten der Linie nach oben. Sie hat mit Recht betont, daß von jedem Raum- und Zeitpunkt aus eine unmittelbare Linie nach oben möglich ist. Sie hat aber nicht gesehen, daß die Linie nach oben ohne die Linie nach vorn, d. h. ohne den aktiven, gestaltenden Willen eine in sich schwingende Frömmigkeit schafft, daß an Stelle einer unmittelbaren Beziehung Gottes auf die Welt ein Heilsverlangen der einzelnen Seele tritt.*[67] – Tillich gibt dem Proletarier recht, der sich dieser Haltung entzieht oder der – etwa wie Ernst Bloch – an dieser einseitig verstandenen «Freiheit eines Christenmenschen» Kritik übt. Unmöglich sei es, ein Christentum zu verstehen, das die unbedingte Forderung an den Menschen verkündet *und zugleich die dämonisch zerrissene Situation des Proletariats übersieht oder gar verfestigen hilft.* Das ist die eine Seite der Kritik.

Auch dem auf seine weltlichen Zielsetzungen beschränkten Sozialismus gegenüber gilt, *daß die Linie nach vorn in Enttäuschung enden muß ohne die Linie nach oben. Die Kritik des religiösen Sozialismus arbeitet ja gerade darauf hin, das utopische Element des Sozialismus zu überwinden, nicht zugunsten eines resignierten Fortschrittsdenkens, sondern zugunsten einer Aufnahme der Linie nach oben in die Linie nach vorn. Der Sozialismus muß erkennen, daß in der Sphäre des Menschlichen Sinnerfüllung des Menschlichen nicht möglich ist. Sinnerfüllung ist nur gegeben als jeweiliges Hereinbrechen des Seins-Jenseits in das Widerspiel von Sein und Freiheit.*[68] Der erfüllte Augenblick des Kairos ist demnach der Kreuzungspunkt der beiden Linien. Das Reich Gottes ist nicht beliebig machbar, auch nicht durch die totalste und radikalste Revolution. An dieser Stelle erklärt Tillich den Marxschen Satz von der zukünftigen klassenlosen Gesellschaft schlicht für *falsch.*

Papst Johannes XXIII.

Eine entsprechende Kritik hat Tillich aber auch an seiner Kirche zu üben, die sich seit geraumer Zeit darum bemüht, den aus der Kirche abgewanderten Arbeiter – und nicht nur ihn – in die leer gewordenen Bänke zurückzuholen. Tillich hat einen *christlichen Humanismus* im Sinn, wenn er fordert, daß sich *der Verteidiger des Christentums* der Klassensituation bewußt werden müsse. *Nicht innere Mission, sondern religiöser Sozialismus ist die notwendige Form christlichen Handelns unter der proletarischen Arbeiterschaft . . . Dieses apologetische Element im religiösen Sozialismus ist durch das Politische oft so verdunkelt worden, daß die Kirche die indirekt kirchliche Bedeutung des religiösen Sozialismus nie verstanden hat.*[69] Damit berührt Tillich die Frage nach den Resultaten und nach dem Schicksal des religiösen Sozialismus in Deutschland: Der Ertrag des religiösen Sozialismus ist, wie Wolf-Dieter Marsch einmal beiläufig bemerkt, «nicht eben reich». Allzu groß waren die politischen und theologischen Widerstände gegenüber der zahlen- und kräftemäßig kleinen, nicht gerade geeinten Gruppen und Kreise religiöser Sozialisten. Was Barths Theologie auf dem Wege einer theologischen Diskreditierung ihrer Ideen nicht bewirkte, das erledigte der nationalsozialistische Staat, der ausschaltete, was er nicht «gleichschalten» konnte. Denn gerade religiöse Sozialisten waren es, die früher als andere christliche Gruppen die Gefahr des Nationalsozialismus erkannten und signalisierten. Das in kleinen Auflagen verbreitete Schrifttum reichte jedoch offenbar nicht aus, um das Gedankengut des religiösen Sozialismus im allgemeinen Bewußtsein zu verankern. Auch Tillichs eigene größere Schrift *Die sozialistische Entscheidung* (1932/33), in der er klare Fronten zieht, indem er sich gegen einen nationalistischen wie einen sozialistischen Romantizismus abgrenzt, konnte daran nichts mehr ändern: Sie wurde von den Nazis verboten und großenteils eingestampft. Der Autor des Buches wurde suspendiert und schließlich zur Auswanderung gezwungen. Damit waren ihm die politisch-gesellschaftlichen Voraussetzungen entzogen, jeglicher Sozialismus unmöglich geworden. Und die Frage nach dem Kairos stellte sich vor einem völlig veränderten Horizont.

Als Paul Tillich 1961 das Vorwort zum zweiten Band seiner *Gesammelten Werke* schreibt, nimmt er zur Frage Stellung, wie er nun, ein Menschenalter nach der Niederschrift, zu den einzelnen Äußerungen aus den zwanziger Jahren stehe. Er bekennt sich ausdrücklich zu den philosophischen und theologischen Prinzipien von einst: *Diese Prinzipien sind auch jetzt entscheidend für mein sozialethisches und geschichtsphilosophisches Denken sowie für manche konkret politische Entscheidungen in der Gegenwart. Die Tatsache, daß der Nationalsozialismus die religiös-sozialistische Bewegung, wie die vielen anderen schöpferischen Ansätze der zwanziger Jahre zertreten, in den Untergrund oder ins Exil gezwungen hat, konnte nicht die Ausbreitung dieser Ideen in Kirchen und Kulturen jenseits der Grenzen von Deutschland und Europa hindern. Darum betrachte ich diesen Band («Christentum und Soziale Gestaltung») auch heute noch als systematisch grundlegend.*[70]

Oft ist die philosophisch abstrakte Diktion Paul Tillichs kritisiert worden. Die Nachteile liegen auf der Hand. Eine solche Redeweise hat aber auch gewisse Vorteile, namentlich für die Generation nach Tillich, die sich anderen Problemstellungen gegenübersieht. Für diese Leser sind die Gehalte seiner Schriften nicht durch zeitgebundene, längst Geschichte gewordene Inhalte verstellt. Gerade wer auf den jeweiligen neuen Kairos achtet und die Forderung seiner eigenen Situation ernst nimmt, wird sich die Frage vorlegen können, wie das von Tillich Erkannte und Fixierte in die jeweilige Existenz übersetzt werden kann.

Noch in seinen 1963 in Chicago gehaltenen *Vorlesungen über die Geschichte des christlichen Denkens* stellt Tillich den religiösen Sozialismus als eine eigenständige Bewegung dar, und zwar interessanterweise unter Hinweis auf Papst Johannes XXIII., der gezeigt habe, *daß die Kirche nicht nur die Brüder erreichen kann, die sich von ihr losgesagt haben, sondern auch diejenigen, die niemals der Kirche angehörten, die Feinde der Kirche und des Christentums. Auf Grund meiner Erfahrungen im religiösen Sozialismus fühle ich mich ihm verwandt. Uns ist die prophetische Selbstkritik gemeinsam, die der Wahrheit offen ist, die die Kirche verloren hat und für die heute säkulare und antireligiöse Bewegungen in einen Kampf eintreten, der gegen die Kirche gerichtet ist.*[71]

Im Umkreis religiöser und theologischer Erneuerung

Noch bevor die allgemeine Krisenstimmung am Ende des Weltkriegs um sich griff, Revolution und wirtschaftlich-gesellschaftlicher Zusammenbruch sich auswirkte, hatten sich Ansätze zu einer religiösen und theologischen Neubesinnung abgezeichnet. Im Reformationsjubiläumsjahr 1917, das zugleich als ein Schicksalsjahr in der Geschichte Europas zu gelten hat[72], erschien Rudolf Ottos Buch «Das Heilige». Es erregte überall dort Aufsehen, wo man nach Möglichkeiten einer Überwindung der orthodox oder rationalistisch verengten Theologie Ausschau hielt und nach einem neuen Zugang zum Mysterium fragte. Zu den ersten Lesern dieses Buches gehört auch Paul Tillich. Der ehemalige Feldprediger erinnert sich (1925): *Es war ein unvergeßliches Ereignis für mich, als im Herbst 1917 das Buch von Rudolf Otto über «Das Heilige» im Lager «Rote Erde» am Hochberg in der Champagne bei mir eintraf . . . Es begann ein Staunen, ein inneres Gepacktsein, eine leidenschaftliche Zustimmung, wie man sie bei theologischen Büchern nicht mehr gewohnt war.* Es ist *der Sinn für die Originalität der religiösen Sphäre und ihrer Denk- und Anschauungsformen*[73], die Tillich bei Otto, dem erst in Göttingen, dann in Breslau und Marburg lehrenden Religionswissenschaftler wahrnimmt. Hier werden nicht nur dogmatische Lehrsätze oder Theologenmeinungen diskutiert, von denen ohnehin keine Kraft zu religiöser Verwirklichung ausgeht, sondern von Grunderfahrungen des Religiösen selbst. Hatte einst Schleiermacher von der «schlechthinnigen Abhängigkeit» des Menschen gesprochen, so beschreibt Otto das Erleben einer überwältigenden Faszinationsmacht, als fascinosum und als mysterium tremendum. *Es ist die Erfahrung des Unbedingten im religiösen Akt, die diesen Akt zu einem religiösen Akt macht; es ist das, was ich gewöhnlich «unbedingtes Anliegen» nenne. Dies ist auch ein Anliegen unseres Verstandes, denn es läßt uns nach seiner Wahrheit fragen, und es ist auch ein Anliegen unseres Willens, denn es treibt uns zum Handeln. Es verändert unser ganzes Sein; alle Dimensionen sind betroffen.*[74] Es handelt sich also um qualitativ mehr als um ein starkes Gefühlsmoment, das sich auch auswirkt, wenn es zur erschütternden Begegnung mit dem Heiligen kommt. – Sicher ist damit noch keine Erneuerung in Gang gebracht, wohl aber werden Kriterien genannt, deren Kenntnis Voraussetzungen schaffen hilft.

Wenig später, 1919, veröffentlicht ein bis dahin unbekannter Schweizer Dorfpfarrer, der mit Tillich gleichaltrige Karl Barth, sein epochemachendes Werk «Der Römerbrief», in dem es einleitend heißt: «Paulus hat als Sohn seiner Zeit zu seinen Zeitgenossen geredet. Aber viel wichtiger

Rudolf Otto

als diese Wahrheit ist die andere, daß er als Prophet und Apostel des Gottesreiches zu allen Menschen aller Zeiten redet . . .» Barth, der unter namhaften Vertretern der liberalen Theologie wie Adolf von Harnack, Wilhelm Heitmüller, Adolf Jülicher und anderen studiert hatte, räumte der alten Inspirationslehre das «größere, tiefere, wichtigere Recht» vor der historisch-kritischen Methode der Bibelforschung ein: «Meine ganze Aufmerksamkeit war darauf gerichtet, durch das Historische hindurch zu sehen in den Geist der Bibel, der der ewige Geist ist . . . Unsere Fragen sind, wenn wir uns selber recht verstehen, die Fragen des Paulus, und des Paulus Antworten müssen, wenn ihr Licht uns leuchtet, unsere Antworten sein.»[75]

So grundverschieden das Werk des Göttinger Religionswissenschaftlers und des Inaugurators der sogenannten Dialektischen Theologie auch sein mögen, von beiden gehen in den zwanziger Jahren weithin spürbare Signalwirkungen aus. Tillich gehört freilich nicht zu denen, die nur bald dem einen, bald dem anderen Zeichen folgen. Er selbst hat Zeichen zu setzen, wenngleich anderer Art. Er unterzieht das, was sich zeigt, einer kritischen Analyse. Seine Stärke liegt nicht darin, unmittelbare, in die

Friedrich Rittelmeyer

kirchliche oder religiöse Praxis hineinstrahlende Impulse zu geben. Ihm obliegt es, die theoretischen Voraussetzungen für eine religiöse Erneuerung zu bedenken, sei es auf dem Feld eines religiösen Sozialismus, sei es auf theologisch-philosophischem Gebiet. 1919 ist das Jahr, in dem der gerade dreiunddreißigjährige Gelehrte seinen ersten theologischen Systementwurf vorlegt, in dem es programmatisch heißt: *Religion ist Erfahrung des Unbedingten, und das heißt Erfahrung schlechthinniger Realität auf Grund der Erfahrung schlechthinniger Nichtigkeit . . .*[76] Betitelt ist diese Skizze *Über die Idee einer Theologie der Kultur.* Die thematische Distanz zu Barths Ansatz und dessen kompromißlosem Nein zu aller «anknüpfender» Theologie liegt auf der Hand, auch wenn gelegentlich von einer «unterirdischen Arbeitsgemeinschaft» zwischen Tillich und Barth gesprochen wird. Sie sollte sich jedenfalls als von recht kurzem Bestand erweisen.

Mit einem anderen, um religiöse Erneuerung bemühten Kreis wird Tillich zu Beginn seiner Berliner Lehrtätigkeit bekannt. Es ist der Zirkel, der sich bei dem als Prediger und Schriftsteller weithin bekannten bayerischen Theologen Friedrich Rittelmeyer (1872–1938) einfindet. Rittelmeyer kam vom theologischen Liberalismus her, wirkte 1902 bis 1916 in Nürnberg an der Seite von Christian Geyer, bevor er an die Neue Kirche am Berliner Gendarmenmarkt berufen wurde. Dank der Begegnung mit Rudolf Steiner[77] wurde er 1922 einer der maßgeblichen Mitbegründer der Christengemeinschaft, die sich als Bewegung für religiöse Erneuerung versteht. In einer der Nachmittagszusammenkünfte trug auch Tillich «anfangs noch in Feldpredigeruniform mit dem EK I seine theologischen Entwürfe vor . . . Rittelmeyer war ganz hingerissen von seiner Gedankenwelt», berichtet Günther Dehn.[78] Tillich machte später kein Hehl daraus, wie sehr ihn die Persönlichkeit Rittelmeyers ansprach. Nicht minder offen nannte er seine Vorbehalte gegenüber Rudolf Steiner, zu dessen Anthroposophie er in Wort und Schrift kritisch Stellung bezog.

Mit Rittelmeyers jüngerem Berliner Kollegen Karl Bernhard Ritter und dessen Freundeskreis kommt es zu einem noch wesentlich intensiveren Kontakt. Es ist die sogenannte Berneuchener Bewegung, die ihren Namen hat nach dem Ort ihrer ersten Zusammenkünfte, Berneuchen, einem Gut unweit von Neudamm in der Neumark. Der Kreis setzte sich vor allem aus jungen Menschen, meist Theologen, zusammen, die von der Jugendbewegung herkamen, mit der inneren Problematik der Kirche fertig zu werden suchten, ohne sich jedoch außerhalb der evangelischen Gemeinden anzusiedeln. Auf diese Weise unterschieden sich die Berneuchener von Rittelmeyer und der Christengemeinschaft, die religiöse Erneuerung unabhängig von der verfaßten Kirche und auf der Basis eines neu begründeten Sakramentalismus zu verwirklichen suchten. Es bleibt nicht nur bei persönlichen Kontakten, besonders mit Wilhelm Stählin, der wirkungsvollsten Gestalt in der Mitte der Berneuchener. Tillich nimmt bald aktiv an der jungen Bewegung teil, die den «Anspruch des Evangeliums auf die Kirchen der Reformation» proklamierte und eine umfassende, über die Theologie hinausweisende, zu einer evangelisch verstandenen Lebenspraxis anleitende kirchliche Erneuerung erstrebte. Die Neubelebung des Kultischen und des Meditativen gehörte zu den zentralen Programmpunkten. Tillich schließt sich dieser Bewegung an, *die, geführt von Wilhelm Stählin und Karl Bernhard Ritter, am meisten von allen Reformgruppen der damaligen Zeit auf Allseitigkeit der Reform drängte und sich nicht auf das Kultische beschränkte. Vor allem suchte sie ein klar durchdachtes theologisches Fundament und gab mir dadurch die Möglichkeit fruchtbarer theologischer Arbeitsgemeinschaft.*[79] Sie findet ihren unmittelbaren Niederschlag in Vorträgen, in Gesprächsbeiträgen und Beratungen. Den nach einer Anknüpfung an die kirchliche Tradition Fragenden gibt er zu bedenken: *Ich glaube nicht, daß es möglich ist, durch Korrektur der innerkirchlichen Form dem Gesamtleben wirksam zu helfen, zumal der Protestantismus die sakramentale Wirklichkeit der Hierarchie zerstört hat und also selbst dem Staat und der Gesellschaft und ihrer Entwicklung verfallen ist.* Karl Bernhard Ritter, der diesen Hinweis Tillichs ein Menschenalter danach referiert, fügt hinzu: «Wir mußten uns der Wucht solcher Fragestellung und Forderung gegenüber auf den sehr viel bescheideneren Ursprung unserer Arbeit besinnen, auf das, wozu wir Berufung verspürt hatten . . . Die kritische, jedoch durchaus positiv gemeinte Mitarbeit Tillichs hat uns freilich in den nächsten Jahren immer

Von Geld ist die Rede, von wem noch?

«Mein Sel: Vatter…

... war seiner profession ein Wagner ... Gott der allmächtige gab mir besonders in der Music so viele leichtigkeit, indem ich schon in meinem 6ten Jahr ganz dreist einige Messen auf den Chor herab sang, auch etwas auf dem Clavier und Violon spielte.» Der begabte Junge wurde Chorknabe im Wiener Stephansdom, wofür das Kapitel dem Kapellmeister Reutter jährlich 700 Gulden zahlte.

Als Achtzehnjähriger saß er ohne Geld auf der Straße. «Da ich endlich meine stimme verlohr, muste sich mich in unterrichtung der Jugend ganzer 8 Jahr kumerhaft herumschleppen», schrieb er später. Erst im Alter von 27 Jahren erhielt er eine feste Anstellung als Musikdirektor für 200 Gulden im Jahr. Wenig später geriet sein Arbeitgeber in finanzielle Not und mußte sein Orchester entlassen. Nur ein Jahr später wurde der Entlassene Kapellmeister beim reichsten Fürsten seines Landes, für «400 frn. Rheinl.» pro Jahr, Auszahlung quartalsweise. Hier blieb er, bis er im Alter von 58 Jahren mit ersparten 2000 Gulden in ein fremdes Land ging, wo ihn die glücklichsten Jahre und ein Vermögen erwarteten.

In nur fünf Jahren wurde er berühmt und reich. «Ich machte diesen Abend vier tausend Gulden», schrieb er über ein Benefiz-Konzert. Insgesamt hat er in dieser Zeit fast 25 000 Gulden eingenommen.

Danach kehrte er noch einmal in die Heimat und an den Ort seines langjährigen Schaffens zurück, ehe er, von Alter und Krankheit geschwächt, kurz nach der Besetzung Wiens starb. Noch wenige Tage vorher hatte man ihn an sein Klavier getragen, wo er «Gott erhalte Franz den Kaiser» spielte, seine wohl bekannteste Komposition. Napoleon schickte eine Ehrenwache vor das Totenhaus. Von wem war die Rede?

(Alphabetische Lösung: 8-1-25-4-14)

Pfandbrief und Kommunalobligation

Meistgekaufte deutsche Wertpapiere - hoher Zinsertrag - schon ab 100 DM bei allen Banken und Sparkassen

Verbriefte Sicherheit

aufs neue gezwungen, bei allen unseren Überlegungen bis in die Einzelheiten unserer liturgischen Arbeit hinein den Blick auf die Gesamtlage nicht zu vergessen und etwa bei den Bemühungen um die der Gegenwart gemäße liturgische Sprache zu prüfen, ob wir nicht doch in Gefahr wären, von der Überlieferung der Kirche zu abhängig zu bleiben.»[80] In *Auf der Grenze* deutet Tillich an, daß eben dieser Punkt, nämlich der Berneuchener *ausschließliches Bemühen um sakrale Verwirklichung, oft in archaistischen Formen* es ihm unmöglich gemacht habe, dem einst gemeinsamen Weg weiter zu folgen. Tillichs Vortrag *Natur und Sakrament*, ursprünglich auf einer Berneuchener Konferenz 1928 gehalten, stellt den Versuch dar, das unsakramentale, intellektualistische Denken im Protestantismus zu entlarven und gleichzeitig zu einem neuen Naturverständnis hinzuführen, ohne in einen magischen Sakramentalismus alten Stils abzugleiten. Tillich kommt darin zu dem Ergebnis:

Wird die Natur in einer *realistischen und zugleich geschichtlichen Weise aufgefaßt, können die Naturgegenstände zu Trägern transzendenter Mächtigkeit und transzendenten Sinnes werden, sie können sakramentale Elemente werden. Die protestantische Kritik gegen jeden unmittelbaren magischen oder mythologischen Gebrauch der Natur als Träger des Heiligen wird dabei gewahrt.*[81]

Marburg – Dresden – Frankfurt

Das *intensive und extensive* Leben, von dem Tillich sprach, wurde durch den Weggang aus Berlin nicht unterbrochen, eher variiert. Sicher setzte die an inneren wie äußeren Ereignissen reiche Berliner Zeit Maßstäbe der Erwartung für die weitere Tätigkeit. Deshalb wählte er, wo immer es ihm die äußeren Bedingungen gestatteten, solche Orte, die seinem großstädtischen Lebensstil am ehesten entsprachen. Wohl kehrte Paul Tillich immer wieder der Stadt den Rücken, um auf dem Land oder an der See, zum Beispiel auf Sylt oder auf Rügen, einen Vortrag, einen Essay auszuarbeiten oder ein Buch zu konzipieren. Der Lebensstrom aber floß für ihn dort, wo er am Austausch mit Menschen der verschiedenen Interessenlagen produktiven Anteil nehmen konnte und wo sich zeitgenössische Kultur ereignete.

Nur ungern trennen sich Paul und Hannah Tillich von Berlin. Zwar gibt es von dem *Kulturtheologen* Systementwürfe, die da und dort Beachtung finden. Um aber innerhalb der akademischen Hierarchie dieser Universität aufzusteigen, hat Tillich außer *System der Wissenschaften* noch kein entsprechendes Opus vorzuweisen, das ihm den Aufstieg zum ordentlichen Professor erleichtert. Ein Wechsel der Universität scheint geraten, obwohl sich Tillich diesem Gedanken verschließen möchte. *Es war ein Glück, daß nach fast fünf Jahren in Berlin mein freundschaftlicher Berater, der Kultusminister Karl Heinrich Becker, mich gegen meinen Willen zur Übernahme einer theologischen Professur in Marburg drängte.*[82]

Der bisherige Privatdozent wird mit Beginn des Sommersemesters 1924 außerordentlicher Professor für systematische Theologie an der hessischen Philipps-Universität, ein gewisser Fortschritt in der akademischen Karriere. Der gesellschaftliche Rahmen in der zwar traditionsreichen, jedoch von der kulturellen Lebendigkeit und dem Glanz der Metropole weit entfernten Universitätsstadt an der Lahn ist durch jene Provinzialität geprägt, die Tillichs gern gemieden hätten. Hannah Tillich geht soweit, zu behaupten: «Für Paulus und mich war Marburg Feindesland [enemy country].»[83] Daß es sich für beide nur um eine Art Durchgangsstation handeln kann, steht im vornherein fest. Das Angebot eines Lehrstuhls an der Universität Gießen wird aus eben diesen Gründen erst gar nicht ernsthaft diskutiert.

Während das Vorlesungsverzeichnis für das Sommersemester noch keine Vorlesungen ausweist, stehen im Wintersemester 1924/25 Religionsphilosophie sowie systematische Übungen über protestantische Mystiker auf dem Programm. Harald Poelchau, Marburger Student und

Die Universität in Marburg

späterer Assistent Tillichs in Frankfurt, erinnert an das Nietzsche-Wort: «In jedem Angriff ist klingendes Spiel» und skizziert ein Stimmungsbild: «Tillich zitierte den Satz in der Dogmatikvorlesung bei der Entfaltung des Obersatzes: ‹Dogmatik ist wissenschaftliche Rede von dem, was uns unbedingt angeht.› Bei dem Angehen, dem Angriff des Unbedingten, so führte er aus, ist ‹klingendes Spiel›. Diese kleine Bemerkung war charakteristisch für die Atmosphäre der ganzen Vorlesung. Sie war mehr als exakte Wissenschaft, sie war emotional geladen und machte uns jungen Studenten Mut, die Botschaft vom Unbedingten ernst zu nehmen und darauf einzugehen.» Im Gespräch gelingt es dem «für einen Extraordinarius relativ alten Lehrer» auch verzagte und verschüchterte Studenten zu aktivieren. «So lehrte er uns im Gespräch auf Spaziergängen in den Lahnwiesen spielend Theologie- und Dogmengeschichte.»[84] Die Bedeutung der kurzen Marburger Zeit sieht Tillich in folgendem:

Während meiner dreisemestrigen Vorlesungszeit dort erlebte ich die ersten radikalen Auswirkungen der neuen Orthodoxie auf die Theologiestudenten – gemeint ist die sogenannte dialektische oder Krisentheologie Karl Barths. *Das theologische Denken befaßte sich nicht mehr mit kulturellen Problemen. Theologen wie Schleiermacher, Harnack, Troeltsch, Otto,*

Tillich. Dresden, 1926

wurden verachtet und verworfen, soziale und politische Gedanken aus der theologischen Diskussion verbannt. Der Gegensatz zu meinen Berliner Erlebnissen war überwältigend, zuerst deprimierend, dann anfeuernd – ein neuer Weg mußte gefunden werden. Damals begann ich in Marburg – es war 1925 – die Arbeit an meiner «Systematischen Theologie», deren erster Band 1951 erschienen ist. Zur gleichen Zeit war Heidegger Professor der Philosophie in Marburg und beeinflußte eine Reihe der besten Studenten. In ihm begegnete ich dem Existentialismus in der Ausprägung des 20. Jahrhunderts. Erst nach Jahren wurde mir der Einfluß dieser Begegnung auf mein eigenes Denken voll bewußt. Ich widerstrebte, ich versuchte zu bejahen, ich übernahm die neue Denkmethode, weniger ihre Ergebnisse.[85]

Die Begegnung mit dem um drei Jahre jüngeren Martin Heidegger, der in diesen Jahren «Sein und Zeit» (1927) vorbereitet, hat sich offensichtlich nur auf der akademischen und philosophischen Ebene vollzogen. Einen darüber hinausgehenden Kontakt habe es nicht gegeben, bemerkt Hannah Tillich. Um so enger und freundschaftlicher entwickelt sich indessen die persönliche und familiäre Beziehung zu dem Religionswissenschaftler Rudolf Otto sowie zu anderen Kollegen und deren Familien.

Als sich die Möglichkeit eröffnet, einen Ruf an die Technische Hochschule Dresden zu erhalten und den Lehrstuhl für Religionswissenschaft zu übernehmen, zögert Tillich nicht. Es lockt nicht nur das lange ersehnte

Ordinariat. Er geht nach Dresden *wegen der räumlichen und kulturellen Weite der großen Stadt. Dresden war ein Mittelpunkt der bildenden Kunst. Malerei, Architektur, Tanz, Oper – mit allem kam ich in nahe Berührung.*[86] Noch während des ersten Wintersemesters 1925/26, in dem Hauptprobleme des Christentums sowie Geistesgeschichte des Protestantismus als Themen der Vorlesungen angekündigt sind, kommt aus Halle die Kunde von der Verleihung der theologischen Ehrendoktorwürde an Paul Tillich, «der mit begrifflichem Scharfsinn und dialektischer Gewandtheit ein religionsphilosophisches Programm entwickelt und in den Rahmen einer allgemeinen Wissenschaftslehre eingestellt sowie durch seine Lehrtätigkeit die akademische Jugend für sein Ziel, Philosophie und Gesellschaftswissenschaft mit der lebendigen Religion zu verbinden, interessiert und begeistert hat». So lautet der Text der von Tillichs ehemaligem Hallenser Lehrer Wilhelm Lütgert unterzeichneten Ernennungsurkunde. Tillichs Schülerin aus der Dresdner Zeit, Renate Albrecht, die sich um die Herausgabe der *Gesammelten Werke* verdient gemacht hat, verweist auf den «Kreis glänzender Persönlichkeiten», der sich hier zusammenfand:

«Richard Kroner für Philosophie, Fedor Stepun für Soziologie, Viktor Klemperer für Romanistik, Christian Janentzki für Germanistik ... Auch Tillichs späterer Freund und Mitarbeiter, [der Religionshistoriker]

Dresden

Martin Heidegger

Friedrich Spiegelberg, ist hier zu nennen. So entwickelte sich sehr schnell eine geistige Atmosphäre, die einerseits für die Studenten ungemein anregend war, andererseits nicht-immatrikulierte Hörer aus der Stadt anzog. Tillichs Vorlesungen trugen wesentlich zu dieser allseits offenen Atmosphäre bei. Selbst in seine Seminare kamen Menschen, die der Studentengeneration längst entwachsen waren.»[87] Daß Paul Tillich in Dresden den ihm gemäßen Stil zu leben und zu arbeiten findet, dafür sorgen nicht zuletzt private Zirkel, etwa die Kunstmäzenin Ida Bienert, bei der sich Otto Dix, George Grosz, Paul Klee, Mitglieder des Bauhauses «einquartieren» und die auch Tillich bisweilen mit seinem ganzen Seminar einlädt. Einen anderen gesellschaftlichen Kristallisationspunkt stellt der Kreis um den Philosophen Richard Kroner dar. Eines Tages kündigt er zwei neue Freunde an: Fedor Stepun, den russischen Emigranten, und Paul Tillich: «So erschienen sie denn in dem Kreis: Stepun mit breitem, vollem Gesicht, schmalen, listigen Augen und einer Haartracht ähnlich der Rasputins – halblang und graumeliert. Seine Gesten waren lebhaft, er sprach das rollende Deutsch der Russen. Er füllte physisch und psychisch den Raum aus, in dem er sich bewegte, er erinnerte in vielem an einen Theaterdirektor alten Stils. – Ganz anders sein Freund Tillich. Ich hatte mir den Theologen ältlich, würdevoll und gesetzt vorgestellt», gesteht die Journalistin Leonie Dotzler-Möllering. «Aber weit gefehlt! In Erscheinung und Haltung wirkte er überhaupt nicht wie ein Theologe: ein gutaus-

Fedor Stepun

sehender schlanker Mann mit dunkelblondem Haarschopf, einer Brille vor vergnügten Augen und einem sinnenfrohen Mund. Er trug – es war im Sommer – einen hellen Anzug und eine rote Krawatte. Wenn er lachte – und er lachte gern –, zeigt er eine Reihe starker weißer Zähne. Ein jungenhafter Charme ging von ihm aus. Dabei war er keineswegs ein Gesellschaftslöwe wie Stepun. Mitunter erschien er fast schüchtern und gehemmt. Weil er so gar nicht meinen Vorstellungen von einem evangelischen Geistlichen entsprach, beobachtete ich ihn schärfer als alle anderen. – Doch wenn es ans Tanzen ging – und es wurde viel getanzt in den mondhellen Sommernächten auf Kroners Terrasse –, war Tillich in seinem Element. Er wirkte wie elektrisiert. Er tanzte aus Freude an der Bewegung, an Rhythmus und Melodie. Dabei erfand er stets neue Variationen und überraschte durch lustige Einfälle. Phantasievolle Partnerinnen waren ihm die jungen Tänzerinnen der Steinweg-Gruppe . . .»[88]

Was Tillich der Tanz bedeutet hat, als Mensch und als Theologe, der dieses Phänomen kultureller Verwirklichung in einen größeren Zusammenhang zu stellen suchte, dafür legen einige Aufsätze Zeugnis ab. Seine eigene Erinnerung an die Begegnung mit den Künstlerinnen aus der Schule Mary Wigmans und Gertrud Steinwegs spiegelt sich in seinen Gedanken über *Tanz und Religion*: *Die Ausdruckskraft des sich bewegenden menschlichen Körpers, die Raumgestaltung durch die Tänzer – gleichviel ob Einzeltänzer oder Gruppen –, der Rhythmus in sichtbare Bewegung*

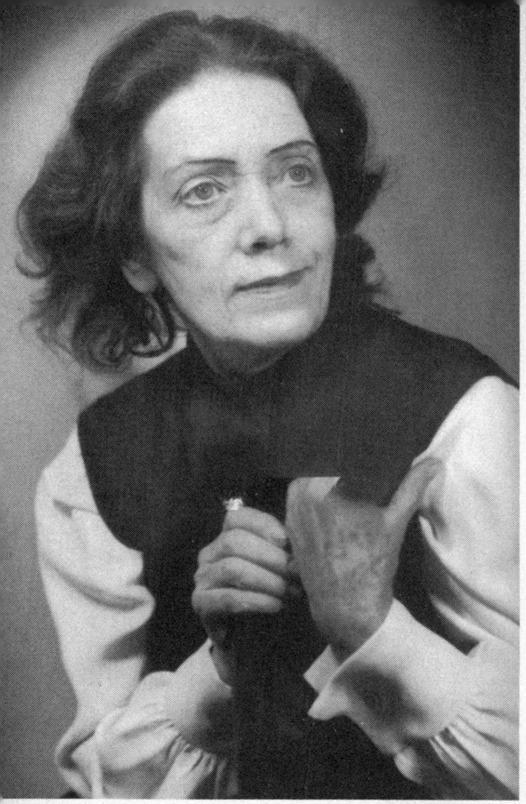

Mary Wigman

umgesetzt, die begleitende Musik als Ausdruck der Idee des jeweiligen Tanzes und die stets spürbare Leidenschaft im Hintergrund – all das gewann für mich philosophisch und religiös Bedeutung. Es war eine neue Begegnung mit der Wirklichkeit in ihren tieferen Schichten. In Übereinstimmung mit den großen Werken der expressionistischen Malerei, deren Schöpfern ich in jener Zeit in Dresden begegnete, war es der Tanz, der mein Verständnis von Religion tief beeinflußte – Religion als die geistige Substanz der Kultur und Kultur als die Ausdrucksform der Religion.[89] Die Leiblichkeit wird als Gefäß eines Übersinnlichen erfahren; Ewigkeit findet seinen Abglanz mitten in der Zeit, und zwar ohne daß das Zeitlich-Irdische den Anspruch des Vergöttlichten erheben darf. Tillich ist sich der Unüberschreitbarkeit dieser Grenze bewußt, jenseits der das Dämonische und die Besessenheit beginnt. – Für die Verbindung mit dem Universitätsbetrieb ist dadurch gesorgt, daß Tillich vom Wintersemester 1927/28 bis zum Wintersemester 1928/29 als Professor für systematische Theologie auch an der Universität Leipzig Vorlesungen und Übungen abhält. Die Leipziger Antrittsvorlesung im Juni 1927 trägt den Titel: *Die Idee der Offenbarung.*[90]

Was Tillich und seine künstlerisch interessierte Frau Hannah betraf, so hätte das Leben der «goldenen zwanziger Jahre» noch lange fortdauern mögen. Doch da tritt ein Wechsel sein, der sich letztlich aus der inneren Gesetzmäßigkeit der Entwicklung Tillichs selbst ergibt.

1926, also fünf Jahre vor Karl Jaspers' vielgelesener Schrift «Die geistige Situation der Gegenwart», veröffentlicht Tillich sein Buch *Die religiöse Lage der Gegenwart*[91]. Er profiliert sich darin als ein Kulturkritiker, der als Theologe und als Philosoph inner- und außerkirchliche geistige Strömungen und Tendenzen der Zeit unter die Lupe nimmt, um schließlich für einen *gläubigen Realismus* zu plädieren, das heißt für eine Haltung, die ihm der Gegenwart angemessen zu sein scheint. Tillichs Analyse verdient allgemeines Interesse, weil er in dem dreiteiligen kleinen Werk nicht allein eine Standortbestimmung auf dem theologisch-kirchlichen Feld versucht, sondern in der für seine ganzheitliche Betrachtungsart charakteristischen Weise das wissenschaftlich-künstlerische Gebiet ebenso einbezieht wie Politik und Ethos.

Anfang 1928 begegnet Paul Tillich auf einer internationalen Tagung in Crissier bei Genf dem Philosophen Max Scheler. Scheler hat einen Ruf an

Tillich während seiner Dresdner Zeit

die Universität Frankfurt erhalten, die als relativ junge Institution für eine der modernsten Universitäten gilt. Doch Scheler stirbt vierundfünfzigjährig am 19. Mai 1928. Tillich, dem gerade eine Professur in Halle angeboten worden war, folgt nun dem Ruf an die *modernste und liberalste Universität* in der Mainmetropole, in der es zu diesem Zeitpunkt keine theologische Fakultät gibt. Doch in seinem Fall bedeutet das kein Hindernis, gilt es doch die Lücke zu füllen, die durch den Tod Max Schelers entstanden ist. Fritz Medicus, der einst von Halle aus die Denkwege seines Schülers begleitet hat, applaudiert: «Für die Zukunft der Philosophie bedeutet die Neubesetzung der Schelerschen Professur eine Verheißung.»[92] *So ergab es sich* – notiert Tillich in den autobiographischen Aufzeichnungen –, *daß meine Vorlesungen sich auf der Grenze zwischen Theologie und Philosophie bewegten und daß ich versuchte, die Philosophie für die zahlreichen Studenten, die philosophische Vorlesungen hören mußten, existenzbezogen zu machen. Das alles in Zusammenhang mit vielen öffentlichen Vorträgen und Reden in ganz Deutschland brachte mich schon lange vor 1933 in Konflikt mit der immer stärker werdenden nationalsozialistischen Bewegung.*[93]

Die im Sommer 1929 gehaltene Antrittsvorlesung intoniert bereits das Thema künftiger Arbeit: *Philosophie und Schicksal.* Die Fragen, die der nunmehrige «Professor für Philosophie und Soziologie» sich und seinen Zuhörern stellt, sind existentiell: *Gilt auch für uns der Satz, daß Erkenntnis schicksallos ist, weil das Sein jenseits des Schicksals steht? Ist für uns das Sein schicksallos, auf das sich die Erkenntnis richtet? Ist die Wahrheit schicksallos? Können wir sagen, daß sowohl Denken als auch Sein schicksallos sind, oder ist die Wahrheit dem Schicksal unterworfen? Und wenn sie im Schicksal steht, was bedeutet es für sie? Wie sieht Wahrheit aus, die im Schicksal steht? Wie schicksalsgebundene Erkenntnis? Und welche gewaltigen Wandlungen muß die Philosophie erlebt haben, in welchem Schicksalswandel muß sie selbst gestanden haben, damit sie den Weg gehen konnte von der schicksalslosen zur schicksalsgebundenen Wahrheit?*[94]

Und der diese Fragen aufruft, stellt sich in die *alte, fast vergessene Tradition, die von Duns Scotus und der Naturphilosophie der Renaissance über Luther und Jakob Böhme zu Oetinger und Schelling läuft.*[95] Es ist die Tradition derer, die in jähem Erschrecken der Zweideutigkeit alles Seienden gewahr wurden, so daß jede in sich ruhende, statisch aufgefaßte Ideenwelt zerbrechen mußte. Unnötig zu sagen, daß die Zeitalter-Erfahrung, die *Abgrunderfahrung*, wie Tillich sie auf dem Schlachtfeld des Ersten Weltkriegs gemacht hat, einem solchen Philosophieren existentielles Gewicht und Glaubwürdigkeit verleiht. Damit protestiert der Vortragende gegen die Denkhaltung eines René Descartes ebenso wie gegen eine Schulphilosophie, die sich allzu lange mit einer isolierten Erkenntnistheorie und Morallehre begnügte, während das Problem der geschichtlichen Existenz durch so eigenständige Geister wie Ludwig Feuerbach und Karl Marx, William James und Friedrich Nietzsche, Sigmund Freud und C. G. Jung, nicht zuletzt auch durch die großen französischen und russischen Romanschriftsteller in herausfordernder Weise bewußt gemacht worden war.

Und worin besteht nach Tillichs Meinung die Aufgabe der Gegenwart?

Jakob Böhme

– Seine Antwort lautet: *Wie die Griechen Philosophie trieben, gehorsam dem Logos und doch getragen von ihrem Kairos, wie das Mittelalter den Logos einordnete dem großen Kairos, auf dem es ruhte, wie die moderne Philosophie zu dem Logos der weltbeherrschenden Wissenschaft und Technik befähigt wurde durch ihren Kairos, so ist uns die Aufgabe gestellt, dem Logos zu dienen aus der Tiefe unseres in Krisen und Katastrophen sich ankündigenden neuen Kairos. Je tiefer wir darum das Schicksal verstehen, das eigene und das gesellschaftliche, desto mehr wird unsere Denkarbeit Kraft und darum Wahrheit haben.*[96]

Theodor W. Adorno, der sich bei Tillich in Frankfurt mit einer Arbeit über Kierkegaard habilitierte, erinnert sich einer Begegnung, die kennzeichnend für Tillichs «fast grenzenlose Impressionabilität» ist und für seine besondere Fähigkeit, Menschen auf sich einwirken zu lassen. Adorno berichtet: «Als Tillich schon an seiner Wirkungsstätte etabliert war, wollte ich ihn mir anhören. Es fiel mir nicht schwer, mich dabei recht unauffällig zu machen in dem großen, stark besetzten Hörsaal; ich setzte mich in die allerletzte Reihe. Die Vorlesung betraf griechische Philosophie . . . Am nächsten Tag traf es sich, daß wir zum Lunch gemeinsam eingeladen waren bei Madame Gabrielle Oppenheim, die damals, wenn man so sagen darf, den maßgeblichen Intellektuellensalon in Frankfurt hatte, wo sich alles traf, was einigermaßen einen Füllfederhalter halten konnte. Dort wurde ich Tillich vorgestellt. Er nagelte mich sofort fest, indem er mir bis ins Einzelne, aber wirklich bis in alle Details, meine Reaktionen auf das, was er in seiner Vorlesung gesagt hatte, erzählte. Er hatte mich also in meiner letzten Reihe gewahrt und hatte von meinem Gesicht abgelesen, wo ich zustimmte und wo ich anderer Ansicht war. Das

Heinrich Goesch mit Erdmuthe Tillich

reproduzierte er, und was ich nicht ausgesprochen hatte, führte sofort zu einer sehr intensiven Diskussion.»[97] Dieses nach Tillichs Tod erzählte Erlebnis veranlaßte Adorno, Tillich mit einem «wandelnden System von Antennen» zu vergleichen.

Als ein Mensch, der Geselligkeit und lebhaften persönlichen Austausch schätzt, findet Tillich in Frankfurt eine Fülle neuer Anknüpfungspunkte. Da sind seine Kollegen Karl Mannheim, der Soziologe, der Historiker Ernst Kantorowicz, der später von Tillich häufig erwähnte Neurologe Kurt Goldstein und der Psychologe Adhemar Gelb. Martin Buber, mit dem Tillich 1924 zum erstenmal zusammentraf, als beide Probleme des religiösen Sozialismus erörterten, lehrt zur gleichen Zeit jüdische Religionswissenschaft an der Frankfurter Universität. Die hohe Einschätzung dieses Religionsphilosophen und Sozialdenkers spiegelt sich in dem Nachruf wider, den Tillich wenige Monate vor seinem eigenen Tod verfaßte: *Solange ich Martin Buber gekannt habe, empfand ich seine Wirklichkeit als etwas, was mehr ist als körperliche Gegenwart oder geistiger Einfluß. Da war er, inmitten der westlichen Welt, ein Teil von ihr, eine Macht in ihr, durch seine Persönlichkeit, aber auch unabhängig von ihr als ein Einzelwesen, als eine geistige Wirklichkeit, die nicht zu übersehen war . . .*[98]

Enge Beziehungen ergeben sich schließlich zum Frankfurter Institut für Sozialforschung, einmal weil Tillich durch seine eigene Marx-Rezeption und -Kritik an den Arbeiten der sogenannten kritischen Theorie regen Anteil nimmt, zum anderen, weil sich auch hier persönliche Kontakte ergeben, im besonderen zu Max Horkheimer. Als Horkheimer die Leitung des mit der Universität verbundenen Instituts für Sozialforschung übernehmen soll, erreicht Tillich, daß der Privatdozent Horkheimer 1930 den obligatorischen Lehrstuhl für Soziologie erhält.

Ein Jahr zuvor, im Jahr des New Yorker Börsenkrachs und der beginnenden Weltwirtschaftskrise, war Tillich in die SPD eingetreten. Inzwischen haben sich auch in Deutschland die politischen und wirtschaftlichen Verhältnisse radikal verschlechtert. In den Reichstagswahlen vom 14. September 1930 erringt die NSDAP einen ungeahnten Sieg; im Reichstag nimmt sie nun 107 Sitze ein. Ende des Jahres ist die Zahl der Arbeitslosen im Reich auf 4,4 Millionen geklettert. In Wort und Schrift tritt Tillich für den gerade jetzt gebotenen religiösen Sozialismus ein. Schon 1931 ist er von düsteren Ahnungen erfüllt; seinen Freunden erzählt er von einem erregenden, rätselhaften Traum: *Ihr werdet alle eines Tages Schafe auf dem Potsdamer Platz grasen sehen . . .* Der Druck von rechts wird immer

Von links nach rechts: Hannah Tillich, Eckart von Sydow, Paul Tillich, Gertrud Goesch. Im Vordergrund Erdmuthe Tillich, Veronika Goesch und Gudrun Goesch

Max Horkheimer

stärker. Als Tillich 1932 das Amt des Dekans der philosophischen Fakultät ausübt, läßt er eine Horde randalierender nationalsozialistischer Studenten aus der Universität verweisen. *Die sozialistische Entscheidung* lautet die Schrift, die 1932/33 fertig wird. Doch da erfüllt sich ein Kairos ganz anderer Art als erhofft: Am 30. Januar 1933 ernennt Reichspräsident Paul von Hindenburg Hitler zum Reichskanzler; am 27. Februar geht das Reichstagsgebäude in Flammen auf; der 28. Februar bringt die Aufhebung der in der Weimarer Reichsverfassung festgelegten Grundrechte; aus den Reichstagswahlen vom 5. März gehen die Nationalsozialisten mit 44 Prozent und 288 Sitzen als stärkste Partei hervor, zusammen mit den Deutschnationalen besitzen sie die absolute Mehrheit; das sogenannte Ermächtigungsgesetz vom 23. März («Gesetz zur Behebung der Not von Volk und Reich») bietet Handhabe für die Beseitigung der Weimarer Demokratie und Hitlers Machtübernahme.

Paul Tillich gehört zu den allerersten nichtjüdischen Professoren, die ihres Amtes enthoben werden. Daß sich für ihn und seine Familie – Tillichs haben seit Februar 1926 die Tochter Erdmuthe – keine andere Alternative ergibt als die Emigration, möchte er selbst lange nicht wahrhaben. Zu dieser Entscheidung muß er sich auf Drängen der Freunde erst langsam durchringen.

Um das Schicksalsjahr 1933

Es ist recht und billig, von einem deutschen Intellektuellen der zwanziger und dreißiger Jahre erfahren zu wollen, wie er sich zum Nationalsozialismus verhalten hat. Diese Frage stellt sich auch bei Paul Tillich, obwohl die Tatsache seiner Emigration während der Zeit des Dritten Reiches zu den wenigen allgemein bekannten Daten seiner Biographie gehören dürfte. Die Emigration als solche kann von Fall zu Fall unterschiedlich motiviert sein. Nicht wenige von denen, die über ein gewisses Maß an politischer Urteilsfähigkeit verfügten, schätzten die Folgen von Hitlers Machtübernahme am 30. Januar 1933 viel optimistischer ein, als es die folgenden Jahre rechtfertigten.

Was diesen Punkt, vor allem die Frage seiner persönlichen Sicherheit betraf, machte Paul Tillich keine Ausnahme. Was freilich die Einschätzung des Nationalsozialismus als solchen angeht, so sah er klarer als die meisten seiner Zeitgenossen. Dafür gibt es zahlreiche Belege. Tillich, der großes – freilich kritisch abgesichertes – Verständnis für die *tragenden Ursprungskräfte* in der menschlichen Gesellschaft entwickelt hat, ist sich frühzeitig im klaren darüber, worin Faszination und Gefährdung durch jede Art des Nationalismus bestehen. In dem 1922 veröffentlichten Aufsatz *Religiöse Krisis* bezeichnet es der junge Berliner Privatdozent als verhängnisvoll, daß der zeitgenössische Protestantismus *sich innerlich mit dem politischen Konservatismus nationalistischer Observanz aufs engste verbunden* wisse.[99] Bald haben die Nationalsozialisten die Straße erobert, spektakulären Einmarsch in den Reichstag und in die Parlamente der Länder gehalten, ja selbst die Leitungsgremien der Landeskirchen durchsetzt. Die Parole von der Heraufkunft des sogenannten Dritten Reiches umnebelt die Gemüter vieler. Als Leopold Klotz 1932 Fragen und Forderungen deutscher Theologen zum Thema «Die Kirche und das Dritte Reich» zusammenträgt, steuert Tillich *Zehn Thesen* bei, die an der Bestimmung seiner eigenen Position keinen Zweifel aufkommen lassen; denn:

Ein Protestantismus, der sich dem Nationalsozialismus öffnet und den Sozialismus verwirft, ist im Begriff, wieder einmal seinen Auftrag an der Welt zu verraten. Völlig unbeeindruckt zeigt sich Tillich von dem «Christentum der Tat», das in jenen Jahren von den Nazis gepriesen wurde, ganz zu schweigen von der kaum verhüllten Propagierung eines «artgemäßen Christentums». Und weil es an kirchlichen Dogmatikern nicht fehlte, die Hitlers Rassentheorien mit dem biblischen Schöpfungsglauben zu vereinen wußten, heißt es in Tillichs dritter These über diesen Protestantismus weiter: *Sofern er dem Nationalismus die Blut- und Rassenideologie durch eine Lehre von der göttlichen Schöpfungsordnung rechtfertigt, gibt er seine prophetische Grundlage zugunsten eines neuen offenen oder verhüllten Heidentums preis und verrät seinen Auftrag, für den einen Gott und die eine Menschheit zu zeugen.* Tillich sieht den Protestantismus *in schwerster Gefahr, diesen für ihn auf weite Sicht verderblichen Weg zu gehen ... Ihm fehlt ein prophetisch begründetes gesellschaftskritisches Prinzip. Ihm fehlt auf lutherischem Boden der Wille, die Wirklichkeit nach dem Bilde des Reiches Gottes zu gestalten* (5. These). Es gelte, dem Heidentum des Hakenkreuzes das Christentum des Kreuzes entgegenzustellen. Und abschließend heißt es in der These 10: *Ein offenes oder verstecktes Bündnis der protestantischen Kirche mit der nationalsozialistischen Partei zur Unterdrückung des Sozialismus und Bekämpfung des Katholizismus muß nach dem gegenwärtigen Machtzuwachs der Kirchen zu zukünftiger Auflösung des deutschen Protestantismus führen.*[100] – Sind diese und ähnliche Stellungnahmen zum Nationalsozialismus auch aus der besonderen kirchlichen Perspektive von einst gesehen, so läßt sich doch unschwer Tillichs Beurteilung des Nationalsozialismus – zumal im Blick auf dessen Konkurrenten, den Sozialismus – klar erkennen. Damit hat der Verfasser der Thesen schon vor der Veröffentlichung des bald verbotenen Buches *Die sozialistische Entscheidung*[101] deutlich Farbe bekannt. Die Folgen für ihn persönlich konnten daher nicht lange ausbleiben – gab es doch schon unter seinen Berliner Studenten Überbesorgte, die erschrokken konstatierten: «Der Mann ist ja Kommunist!» Hörte man nur deshalb nicht seine Warnung?

Boykott jüdischer Geschäfte

Emigration

Am 1. April 1933 findet im gesamten Reichsgebiet der Judenboykott statt. Vor jüdischen Geschäften und Betrieben, vor den Praxen jüdischer Ärzte oder Anwälte sind Boykottposten in brauner SA-Uniform postiert. Aber noch im gleichen Monat zeigt es sich, daß in bestimmten Fällen auch Nichtjuden aus dem öffentlichen Leben ausgeschaltet werden. Tillich wird seines Lehrauftrags an der Frankfurter Universität entbunden. Postum stellte Max Horkheimer das Zeugnis aus: «Tillich hat gegen das heraufziehende Unheil gekämpft, aber – so fügte er in einem Rundfunkinterview hinzu – er hatte gehofft, daß es überwunden werden könnte. Und er wäre sicher in Deutschland geblieben, wenn er nicht sehr gewarnt worden wäre. Zu den Warnenden – darf ich sagen – habe ich gehört. Ich habe ihm eines Tages im Februar 1933 eine Reihe von Stellen aus seinen Schriften vorgelesen und gesagt, ich glaubte, wenn er Deutschland nicht verließe, würden sie ihm das Leben kosten.»[102]

Nicht viele, nicht einmal viele Juden schätzten zu diesem Zeitpunkt den tatsächlichen Ernst der Lage so klar ein wie Horkheimer. Tillich selbst vermag sich auch nach seiner Suspendierung noch nicht zur Emigration zu entschließen, zumal der Kultusminister ihm eine Wiedereinstellung unter gewissen, für Tillich freilich nicht akzeptablen Bedingungen in Aussicht stellt. Er verläßt Frankfurt, um sich unter anderem in Dresden und Berlin mit Freunden zu beraten und die Entwicklung der politischen Verhältnisse abzuwarten. Einige Zeit verbringt er auf Rügen und Spiekeroog. Theodor W. Adorno, der ihm nach Rügen nachgereist ist, ehe er selbst zunächst nach England emigrierte, erzählt: «Ich erinnere mich noch deutlich daran, daß er und seine Frau Hannah in einer Weise, für die ich die tiefste Bewunderung hegte, völlig frei von Angst waren. Schwer zu entscheiden, wie weit dabei das Moment der Naivität eine Rolle spielte ... und wie weit es sich da auch um so etwas wie die Bereitschaft handelte, in Gottes Namen dem Martyrium, wenn es denn sein muß, ins Auge zu sehen. Jedenfalls hat er gerade in dieser Zeit völlig sich bewährt.»[103]

Ein Zufall erleichtert schließlich Tillichs Entscheidung, zu emigrieren und die USA zu wählen. Der amerikanische Theologe Reinhold Niebuhr lädt Tillich im Sommer 1933 zu Vorlesungen ein. Es geht zunächst darum, als «visiting professor» einerseits an der Columbia University, andererseits am Union Theological Seminary, beide in New York, philosophisch-theologische Vorlesungen zu halten. Reinhold Niebuhrs Bruder Richard hat Tillichs Schrift *Die religiöse Situation* ins Englische übersetzt. Doch

Bücherverbrennung in Berlin

ist daraus nicht zu schließen, daß Tillich schon allein dadurch einen nennenswerten Bekanntheitsgrad in den Staaten erlangt hätte. Schwerer wiegt die Tatsache, daß er das Englische erst von Grund auf lernen muß. Die Mentalität des Amerikaners, Land und Leute, Theologie und Philosophie der Neuen Welt, sind ihm ohnehin fremd.

Als Tillich mit seiner Frau Hannah und der siebenjährigen Tochter Erdmuthe nach stürmischer Überfahrt am 3. November 1933 in New York an Land geht, weiß er noch nicht, daß damit ein ganz neuer Abschnitt seines Lebens und auch seines Schaffens begonnen hat. Der geborene Grenzgänger hat die Grenze zu einem anderen Erdteil überschritten, offensichtlich aber nicht, um ein Amerikaner zu werden, sondern um *Brücke* zu sein. Nichts Geringeres als ein geistiger Brückenschlag zwischen der abendländischen Tradition und dem westlichen Denken stellt sich als Aufgabe. So sind die ersten Monate mit dem Erlernen der Sprache und all dem, was dazu gehört, voll in Anspruch genommen, denn schon im Frühjahr 1934 sollen die Vorlesungen beginnen. Seine Freunde beschönigen im nachhinein nicht, daß Paulus, wie sie ihn freundschaftlich-respektvoll titulierten, weder die amerikanische Aussprache noch die besonderen Spracheigentümlichkeiten völlig beherrschen lernte. Wilhelm Pauck meint – was wohl nur für die ersten Jahre gilt –: «Englisch war für ihn leicht zu lesen, schwer zu verstehen und außerordentlich schwer zu sprechen; das Sprechen war für ihn eine einzige Tortur.»[104] Ved Mehta sowie andere Kritiker Tillichs dehnten dieses Urteil auch auf Tillichs literarisches Werk aus: «Seine Werke, obwohl ursprünglich in Englisch geschrieben, lesen sich wie wörtliche Übersetzungen aus dem Deutschen.»[105] Das ist sicher keine Schmeichelei, wenn man bedenkt, welche Schwierigkeiten Tillichs Schriften auch dem deutschen Leser über weite Strecken bereiten können. Daß der Emigrant aus Hitler-Deutschland überhaupt Fuß fassen kann, hat er im besonderen seinen Gastgebern und Freunden zu verdanken.

Kollegen wie Horace Fries, der Vorsitzende der amerikanischen philosophischen Gesellschaft, Reinhold Niebuhr oder der Historiker und spätere Tillich-Biograph Wilhelm Pauck sorgen dafür, daß Tillich Zugang zu

Die Freiheitsstatue im Hafen von New York

verschiedenen Kreisen des kulturellen Lebens, zu wissenschaftlichen Vereinigungen und auch zu den richtigen Publikationsorganen erhält. Bis 1937 muß die Einladung als «visiting professor» erneuert werden. Endlich wird er am 9. März 1937 zum Associate Professor of Philosophical Theology ernannt. Diese Ernennung erstreckt sich zunächst nur über drei Jahre. Immerhin ist damit der Status eines Professors im eigentlichen Sinn des Wortes erreicht. Denn wenn ihm auch in den ersten Jahren das übliche Emigrantenschicksal völliger Ungewißheit erspart geblieben ist, so bekommt er doch deutlich genug zu spüren, daß er als Siebenundvierzigjähriger ganz von vorne anzufangen habe. *Ich war um sieben Gesellschaftsstufen herabgestiegen*, erzählt er einmal. Daß er willkommen und in

New York. Blick auf den Hudson, wie ihn auch Tillich von seiner Wohnung aus sah

Tillich mit seiner Frau Hannah

den Kreis der Kollegen von Anfang an aufgenommen ist, daran besteht kein Zweifel. Von den befreundeten Familien stammen auch die allerersten Möbelstücke der kleinen New Yorker Wohnung. Hinzu kommt, daß der Lebens- und Arbeitsstil am Union Seminary durch den täglichen persönlichen Kontakt das Zurechtfinden erleichtern hilft.

Das Union Seminary war nicht nur darum eine Zuflucht, weil es mir Stellung und Wohnung bot, sondern auch durch die Lebens- und Arbeitsgemeinschaft, die es gewährte. Es ist eine eng verbundene Gemeinschaft von Professoren und ihren Familien, Studenten, oft ebenfalls mit ihren Familien, und den Mitarbeitern. Für unser Einleben in die amerikanischen Verhältnisse war das alles von unschätzbarem Wert, und für mich war es auch bedeutsam als Gegengewicht gegen den extremen Individualismus der akademischen Existenz in Deutschland.

Übrigens ist das Union Seminary keine isolierte Gemeinschaft. Wenn New York die Brücke zwischen den Kontinenten ist, so ist das Union diese Brücke für die Kirchen der Welt. Ein dauernder Strom von Besuchern aus allen Ländern und Rassen flutet durch unsere Häuser. Es ist fast unmöglich, in einem solchen Rahmen Provinzler zu bleiben. Darum bin ich

Die Türme des Union Theological Seminary, an dem Tillich 1933 bis 1953 lehrte

besonders dankbar für die weitweite theologische, kulturelle und politische Sicht, die ich mir hier erwarb.[106] Tillich hebt die enge Zusammenarbeit innerhalb der Fakultät hervor. Und was die Verpflichtung an der Columbia University betraf, so bedurfte es keiner großen Reise, weil beide Hochschulen nur durch den Broadway getrennt sind. Mehr als zwanzig Jahre lehrt Tillich in New York.

Sein beinahe enzyklopädisches Wissen, das theologisch-geistesgeschichtliche Gebiete ebenso umfaßt wie politisch-gesellschaftswissenschaftliche, technische, naturwissenschaftliche Themen, nicht zu vergessen die Tiefenpsychologie und die verschiedenen Ausdrucksformen der Kunst bis hin zum Tanz, erregt Erstaunen. Die Zahl seiner Studenten wächst innerhalb weniger Jahre, obwohl sich nicht wenige über die Schwerverständlichkeit des deutschen Professors beklagen. Zu weit entfernt vom amerikanischen Pragmatismus mutet Tillichs Denken an. Werner Rode berichtet von seinem Lehrer am Union Theological Seminary: «Uns gebürtige Deutsche zog damals zunächst der Systematiker in seinen

Bann, der profunde Gedanken über die christliche Religion in einer Zeit zu äußern wagte, in der das alles andere als populär war. Er sprach zu unserer Zeit als Theologe, und wir erfuhren an uns selber, daß und wie seine Theologie den chaotischen Zusammenbruch unseres Heimatlandes, und möglicherweise der gesamten europäischen Kultur, überlebt hatte. Wir konnten das damals erfahren, weil wir das ‹Zwischen-den-Zeiten› und ‹Zwischen-den-Kontinenten› mit ihm teilten. Tillich, der auf die Grenze als Erfahrungsinhalt hinwies, machte diese Erfahrung nicht zur Bedingung, sondern lehrte normatives Denken als Ermöglichung. Dabei erfuhr man den ‹Grund› im Denken des anderen nicht als Abhängigkeit, sondern als ermutigendes, selbständiges Wagen auf eigenem Grund. Wir wurden dadurch frei zu einer eigenen Antwort wie auch unsere amerikanischen Freunde, selbst wenn wir deren Antwort nicht völlig begriffen.» [107]

Und weil *Heimatgebundenheit im Sinne von Landschaft, Sprache, Überlieferung, Gemeinsamkeit des geschichtlichen Schicksals* für Paul Tillich so selbstverständlich ist, daß er sich von denen geschieden fühlt, die als Nationalisten diese Heimatbeziehung zum *Gegenstand ausdrücklichen Denkens und Handelns* machen, deshalb wird die Emigration für ihn zu einer intensiven Erfahrung. *Es ist nicht so, als hätte ich mich einseitig für*

Gebäude der Columbia University, New York

Tillich mit amerikanischen Studentinnen

die Fremde entschieden. Das trifft weder für die äußere Emigration noch auf die innere, die schon längst vor der äußeren begonnen hatte, zu, schreibt er im dritten Jahr seines Amerika-Aufenthalts.[108] Und in einem Radio-Interview aus dem Jahre 1962 heißt es: *Ich glaube, wenn man als Emigrant so gewaltsam von seinem Heimatland abgeschnitten worden ist, sich dann eine neue Heimat suchen muß, sie auch gefunden hat, dann hat man im Grunde keine Heimat mehr im Sinne des etwas romantisch-gefühlsmäßigen Heimatbegriffs, sondern man ist Wanderer zwischen zwei Welten. Und ich würde sagen, daß ich weder Amerika ganz als meine Heimat empfinde, noch daß ich Deutschland noch als meine Heimat ansehe, sondern: ich fühle mich zwischen den Welten. Und ich bejahe diese Stellung, weil sie mit dem christlichen Grundgedanken, daß wir Pilger auf Erden sind, sehr viel Ähnlichkeit hat.*[109] Schon in den autobiographischen Erinnerungen *Auf der Grenze*, also ebenfalls 1936, werden diese Gedanken unter Hinweis auf die Aufbruchssituation Abrahams ausgesprochen. Und sicher gibt der ebenfalls 1936 in einer Rede an Emigranten vorkommende Satz zu denken: *Die Geschichte der Offenbarung, deren Mitte Christus ist, beginnt mit einer Emigration.*

Als Tillich Ende 1933 in den USA ankommt, begegnet er einer Reihe von Landsleuten gleichen Schicksals. Im Laufe der Jahre wird der Kreis größer, auch Freunde und Bekannte von einst sind unter ihnen, etwa Horkheimer, Adorno, Ernst Bloch, Herbert Marcuse, Eduard Heimann, Gleichgesinnte aus den Zirkeln religiöser Sozialisten, Künstler und Schriftsteller. Abgesehen davon, daß Tillich zu Vorträgen in die verschiedensten Kreise und Verbindungen eingeladen wird, stellt sich das aktuelle Problem des Emigrantendaseins. Wohl existieren und arbeiten verschiedene amerikanische Hilfsorganisationen, evangelische, katholische, jüdische, doch darüber hinaus entsteht das Bedürfnis nach unmittelbarer menschlicher und auch wirtschaftlicher Soforthilfe durch die Betroffenen selbst. So wird im New Yorker Haus von Else und Hans Staudinger der Gedanke der «Selfhelp for Emigrees from Germany» geboren und in die Tat umgesetzt. Paul Tillich übernimmt sogleich die Aufgaben des ersten Vorsitzenden und damit einen Großteil der Verantwortung. Toni Stolper, die erste Sekretärin dieser auf der Basis einer privaten Initiative arbeitenden Vereinigung, berichtet von diesen Aufgaben. Sie reichten von beratender Korrespondenz über die Vermittlung von Bürgschaften für die Einreise bis hin zu persönlichen Empfehlungen und finanziellen Beihilfen zur Überbrückung der ärgsten Not. In einem Aufruf für die «Selfhelp» kann Tillich 1938 berichten: *Die Selbsthilfe hat in den letzten 20 Monaten über 17000 Dollar aus Emigrantenkreisen aufgebracht und an rund 600 Familien weitergeleitet . . . Die ganze Welt versucht in diesen Tagen, uns zu helfen. Wir Emigranten wollen und müssen den Beweis erbringen, daß auch wir jede Anstrengung machen, uns selbst zu helfen . . .*[110] Für den Theoretiker Tillich ist die praktische Tätigkeit eine willkommene Gelegenheit, sein Verständnis von sozialer Arbeit in die Tat umzusetzen. Obwohl auch eine so spontan ins Leben gerufene Aktivität wie die Emigrantenhilfe der Organisation bedarf, geschieht das Eigentliche doch im konkreten «Fall», denn *soziale Arbeit stellt das Individuum in den Mittelpunkt . . . Das Problem ist, ob der Betreuer fähig ist, nicht nur das zu sehen, was vergleichbar ist mit anderen Betreuten oder mit dem, was er schon mit anderen Betreuten erfahren hat, sondern ob er das Unvergleichliche, das Einzigartige sieht, das in der Freiheit des Betreuten wurzelt. Es ist das Maß an Liebe zwischen dem Sozialarbeiter und dem Betreuten, das entscheidend ist – die zuhörende, antwortende, umwandelnde Liebe,* betont Tillich anläßlich eines Rückblicks auf 25 Jahre «Selfhelp» (1961).[111]

Im Frühjahr und Sommer 1936 eröffnet sich Tillich die Möglichkeit zu einer ersten Europa-Reise. Zunächst fährt er nach England. Ein Deutschland-Besuch ist aus naheliegenden Gründen ausgeschlossen, obwohl im Jahr der Berliner Olympiade vielleicht am ehesten die Chance bestanden hätte, von den Polizeiorganen Hitler-Deutschlands nicht behelligt zu werden. Aber Tillich verfügt immer noch nicht über die amerikanische Staatsbürgerschaft. Diese wird ihm erst 1940 gewährt. So besucht er unter anderem Holland und die Schweiz, ferner Belgien, Italien und Frankreich. Auf diese Weise ist es ihm möglich, zumindest einige seiner Freunde auf neutralem Boden zu sprechen und die durch Briefe nur mühsam aufrecht erhaltene Verbindung zu erneuern, und nicht nur dies. Denn Wilhelm Stählin, damals Theologieprofessor in Münster, den Tillich zu einem Wiedersehen in das grenznahe Städtchen Enschede einlädt, erzählt: «Von dieser kurzen Begegnung ist mir eindrücklich geblieben, mit welcher betonten Freude Tillich in dem kleinen holländischen Städtchen einige alte Gebäude entdeckte; diesen völligen Abbruch der Tradition empfand Tillich in Amerika als einen beklagenswerten Mangel.»[112] In Basel besucht er Karl Barth. In Ascona am Lago Maggiore/Tessin verlebt

Theodor W. Adorno

er mit Olga Fröbe-Kapteyn und ihrem Eranos-Kreis seinen 50. Geburtstag. Tillich hat selbst wiederholt (1936; 1954) auf den Eranos-Tagungen, die seit 1933 dort stattfinden, vorgetragen. Darüber hinaus war ihm der Kreis schon wegen seines Interesses an der Jungschen Analytischen Psychologie vertraut.

Die Fortsetzung der Lehr- und Vortragstätigkeit nimmt nach der Rückkehr Formen an, die zeigen, welchen Einfluß Tillich von Jahr zu Jahr in den USA gewinnt. Da er Mitglied theologischer, philosophischer und anderer gesellschaftlich wichtiger Clubs war, wurde diese Entwicklung noch gefördert. *Durch sie erhielt ich eine dialektische Einführung in das amerikanische philosophische Leben in seiner Mannigfaltigkeit und Intensität. Ganze Semester, Sommer-Semester und sogar ganzjährige Vorlesungen an verschiedenen Universitäten und Fakultäten verschafften mir neue persönliche und wissenschaftliche Beziehungen zum amerikanischen Leben und Denken. Durch meine Mitarbeit in der Abteilung für Flüchtlinge im «Federal Council of Churches», durch die Teilnahme an der ökumenischen Konferenz in Oxford (1937) und an Aussprachen und Diskussionen bei verschiedenen religiösen Zusammenkünften, durch regelmäßiges Predigen, Mitarbeit in kirchlichen Komitees, bei apologetischen Kursen und ähnlichen Veranstaltungen gewann ich intensive Verbindung zum Leben der Kirche innerhalb und außerhalb der Grenzen Amerikas.*[113]

Aufzählungen wie diese, auch wenn sie summarischen Charakter haben und sich auf mehrere Jahre erstrecken, lassen den starken extravertierten Zug im Schaffen Tillichs hervortreten, für einen Gelehrten sicher nicht unproblematisch. Man fragt sich, ob die konzentrierte Forschungsarbeit noch in ein angemessenes Verhältnis zur «Lehre» gebracht werden kann. Tillich muß sich dieser Gefahr bewußt gewesen sein. Denn er macht selbst darauf aufmerksam, daß ein Großteil seiner Schriften essayistischen Charakter habe. Nicht wenige seiner Bücher stellen Sammlungen von Reden und Aufsätzen dar. Er behauptet zwar, daß diese Arbeitsweise seinem Denken, vor allem seinen Intentionen entspreche. Andererseits gibt er auch die Nachteile dieser Arbeitsweise zu. *Selbst in einem organischen Werk wie meiner Systematischen Theologie findet sich ein gewisser Mangel an Konsistenz und an Genauigkeit in der Terminologie . . .* Und im Rückblick auf vier Jahrzehnte öffentlicher Redetätigkeit muß er gestehen, *daß sie mir von der ersten bis zur letzten Rede die größte Angst und das größte Glück verursacht hat. Immer bin ich voll Furcht und Zittern auf das Katheder oder die Kanzel gestiegen, aber der Kontakt mit den Hörern schenkt mir jedesmal ein überwältigendes Gefühl der Freude – Freude schöpferischer Gemeinschaft, des Gebens und Nehmens, selbst wenn die Hörer nicht zu Worte kommen.*[114]

Theodor W. Adorno, der zwischen 1938 und 1941 sehr viel im Hause Tillich verkehrte, bevor er zusammen mit Max Horkheimer an die Westküste übersiedelte, berichtet von der geradezu charismatischen, aber eben nicht ganz unproblematischen Fähigkeit Tillichs, auf Menschen zu wirken. Für die Zeit nach dem Zweiten Weltkrieg urteilt schließlich der amerikanische Lutheraner Martin E. Marty: «Es gab keinen protestantischen Theologen, der bekannter, begabter und an den Universitäten angesehener gewesen wäre als Paul Tillich. Seine Schriften waren weit verbreitet. In einem säkularen Zeitalter weckten seine Persönlichkeit und sein Einfluß bei Studenten und Professoren ein unerhörtes Interesse an theologischen Fragen. Wenn jemals ein Theologe seine Arbeit als Brükke, als Grenzlinie, als Beziehung zu den anderen Disziplinen und als Apologetik bezeichnet hat . . . dann war das Tillich.»[115] Die offizielle Anerkennung läßt nicht lange auf sich warten. Yale ist (1940) die erste amerikanische Universität, die Tillich den Grad eines «Doctor of Sacred Theology» verleiht. Daß Tillich diese öffentliche Auszeichnung gleichzeitig mit dem Oberbürgermeister von New York Fiorello LaGuardia und dem amerikanischen Dichter und Lincoln-Biographen Carl Sandburg empfängt, unterstreicht die offizielle Anerkennung des Theologen. Damit ist Paul Tillich aufgenommen in den Kreis der gesellschaftlich hervorragenden Bürger Amerikas.

Der Ausbruch des Zweiten Weltkriegs 1939, vor allem Amerikas Eintritt in den Krieg 1941, bedeuten für deutsche Emigranten in den USA eine neue Situation. Paul Tillich ist davon nicht ausgenommen.

Während des Zweiten Weltkriegs

Am 11. Dezember 1941 erklären Deutschland und das faschistische Italien unter Benito Mussolini den USA den Krieg. Es stellt sich – von den USA aus gesehen – nicht nur die Frage, ob die Emigranten aus Mitteleuropa, namentlich die aus Deutschland, sich auch im Kriegsfall als zuverlässige Staatsbürger bewähren. Vor allem ist Klarheit darüber zu gewinnen, wofür in diesem Krieg gekämpft wird. Um was es zu gehen habe, gibt Thomas Mann zu erkennen, als er im Frühjahr 1938, also schon ein Jahr vor dem Feldzug gegen Polen, eine Vorlesungsreise durch mehrere amerikanische Nordstaaten unter das Thema stellt: «Vom kommenden Sieg der Demokratie».[116]

Im September 1939, der Zweite Weltkrieg ist gerade ausgebrochen, reist Tillich quer durch Amerika. Es beschäftigt ihn die Frage, was dieser Krieg letztlich bedeute. Er muß (1941) gestehen: *Obwohl ich Deutschland im Jahre 1933 als politischer Flüchtling verlassen habe, obwohl ich in Amerika sowie in den westlichen Ländern Europas sechs Jahre lang gegen den Nazismus gekämpft und in vielen Reden und Aufsätzen dargestellt habe, was Hitler bedeutet, trotz alledem war ich nicht imstande, eine eindeutige Antwort auf die Frage zu geben, die uns dieser Krieg stellt. Es ist eine grobe Vereinfachung, wenn viele Emigranten und liberale Amerikaner – erstaunlicherweise kaum Engländer – darauf antworten: Dieser Krieg ist die Fortsetzung des Kampfes gegen Hitler, und Hitlers Niederlage ist das Ende des Krieges.*[117]

Doch eben diese Antwort befriedigt den Schreiber selbst nicht. Er sagt sich: *Wenn Kriegsziele festgelegt werden, so liegt deren wahre Bedeutung darin, daß in ihnen eine Vision beschworen wird, die über den gegenwärtigen Zustand unserer Welt hinausführt, für die zu kämpfen, zu leiden und schließlich zu sterben einen Sinn hat.* Tillich stellt fest, daß eine solche Schau bis jetzt fehle, vor allem in einem Amerika, in dem immer noch eine ungebrochene Fortschrittsideologie herrscht. Zu diesem Zeitpunkt hat sich der Kriegsschauplatz bereits auf weite Gebiete Europas ausgedehnt. Hitlers Armeen sind im Begriff, in die Sowjet-Union einzufallen. Es ist daher geboten, schon vier Jahre vor dem noch nicht abzusehenden Ende des Krieges an den Wiederaufbau zu denken, obwohl die materielle Zerstörung Europas noch im Gange ist.

Das ist der geschichtliche Hintergrund, vor dem sich Paul Tillich gedrängt fühlt, den Führern der westlichen Demokratien eine Warnung zuzurufen: *Die Vernichtung jener bösen Mächte, die zur Zeit Europa beherrschen, kann zur Vernichtung des Kontinents selbst und aller Men-*

Tillich bei einer Vorlesung in Harvard

schen, die ihn bewohnen, führen. Das bedeutet zunächst, daß der Krieg nur bis zu dem Punkt geführt werden darf, an dem das Wiederaufbauwerk ... begonnen werden kann. Das setzt nicht nur die Vernichtung der Nazis, sondern auch die Erhaltung eines unabhängigen und geeinten europäischen Kontinents voraus.[118]

Paul Tillich widersetzt sich im gleichen Zusammenhang der Annahme eines Kriegsziels, das lediglich auf Verteidigung des Bestehenden gerichtet ist und das auf die Wandlung des Besiegten und des Siegers verzichten möchte. *Und dieser Wandlung* – so heißt es in einer Goethe-Rede 1942 –, *so schwer und schmerzlich sie auch sein mag, müssen wir uns unterwerfen, als Menschen dieser Zeitwende ... Nicht das alte Europa, nicht das alte Deutschland, auch nicht das, was wir liebten, darf das Ziel unserer geistigen Sehnsucht und unseres geistigen Wollens sein ... Keine Form ist unzerstörbar, niemand wußte das besser als Goethe. Unzerstörbar ist allein der Sinn jedes Schöpferischen, der ewige Sinn, der nicht in der Horizontalen, sondern in der Vertikalen gesucht werden muß: über uns, nicht vor uns!*[119] Unschwer erinnern wir uns des Vergleichs der beiden sich kreuzenden Linien, wobei die senkrecht von oben kommende Vertikale den Kairos markiert, der in der horizontal verlaufenden Geschichte je und je Ereignis wird.

Wieder sind es eine Reihe von Aktivitäten, die Tillich und anderen Emigranten die Möglichkeit geben, an dem geistigen Wiederaufbau vorbereitend mitzuwirken. Daß es sich, von den USA her gesehen, zwischen 1941 und 1945 um Beiträge zu einer psychologischen Kriegführung handelt, muß nicht beschönigt werden. Tillich, der sich bei seinem Weggang von Deutschland geschworen hat, keinen Satz gegen sein Heimatland zu sagen oder zu schreiben, versucht getreu diesem Versprechen sich nicht gegen, sondern «an» seine deutschen Freunde zu wenden. Es geschieht in Form einer Serie von mehr als hundert kurzen Ansprachen, die Tillich vom Frühjahr 1942 bis Mai 1944 allwöchentlich verfaßt. Ausgestrahlt werden sie durch die «Stimme Amerikas». Die Adressaten sind oppositionelle Kräfte in Deutschland. Diese inzwischen in einem der Ergänzungs- und Nachlaßbände veröffentlichten Texte *An meine deutschen Freunde* gewähren Einblick in die Art, wie Tillich die aktuelle Kriegsproblematik durchsichtig zu machen sucht. Als ein Beispiel politischer Theologie und als ein Zeitdokument wird man diesen Reden jedoch nur gerecht werden, wenn man sie aus dem unmittelbaren Kontext des Kriegsgeschehens selbst zu begreifen sucht.

Kurz vor Beendigung des Krieges konstituiert sich nach langer Vorbereitungszeit ein «Rat für ein demokratisches Deutschland» (Council for a Democratic Germany). Ursprünglich sollte Thomas Mann den Vorsitz übernehmen, um ein möglichst hohes Maß an Repräsentanz zu erreichen. Auf einen Wink der US-Regierung hin verzichtet er. Schließlich wird Tillich die Übernahme des Vorsitzes angetragen. Man meint, jemanden gefunden zu haben, der auch seiner politischen Überzeugung nach weder als ein Mann der extremen Linken noch der Rechten angesehen werden kann. Die Zielsetzung des Rates umreißt Tillich am 17. Juni 1944, dem Gründungstag: *Der Council repräsentiert eine umfassende und zugleich eine balancierte Front. Persönlichkeiten aller politischen Richtungen, die sich von jeder Verbindung mit dem Nationalsozialismus freigehalten haben,* sollen schon vor Kriegsende an den Fundamenten für den demokratischen Wiederaufbau Deutschlands mitarbeiten. Schließlich ist Tillich überzeugt: *Unser Council ist eine Notwendigkeit. Die Situation in Amerika, die Situation in Deutschland und vor allem die Weltlage als ganze fordert seine Existenz. Das europäische Problem kann nur durch Zusammenarbeit des Westens mit dem Osten gelöst werden. Und es kann nicht gelöst werden ohne die demokratischen Kräfte aller europäischen Länder, auch Deutschlands.*[120]

Doch die ideologische Diskrepanz zwischen den westlich und den östlich orientierten Emigrantengruppen erweist sich als stärker als ursprünglich angenommen. Die inhärenten Spannungen nehmen zu. Karin Schäfer-Kretzler, die dieses Phänomen untersucht und Tillichs Freunde (1969) darüber befragt hat, kommt zu dem Schluß: «Tillichs Engagement für die politische Umkehr und Erneuerung Deutschlands versuchte die kleinlichen Streitereien der unterschiedlichsten Richtungen im Council immer wieder zu schlichten; eine halbwegs handlungsfähige, geschweige denn einheitliche Institution wurde der Council trotzdem nicht. Am heftigsten bekämpft von anders ambitionierten deutschen Emigranten, als Verhandlungspartner von offiziellen amerikanischen Stellen nicht ernst genommen, zerbrach der Council endgültig . . . Der ‹Kairos›, die große Wende erfüllter Zeit, wird verhökert in kleinlichen Blockstreitigkeiten . . .»[121]

Paul Tillich, der neben seiner allgemeinen theologisch-philosophischen Tätigkeit viel Zeit und Kraft in diese Aufgabe investiert hat, muß resignieren. Statt von den Impulsen und Chancen des gegenwärtigen Kairos zu sprechen, nennt er seinen ersten Berlin-Vortrag nach dem Krieg *Das geistige Vakuum.* Man schreibt das Jahr 1948. Die Frontenbildung innerhalb der großen West-Ost-Problematik zeichnet sich ab. Der «Kalte Krieg» ist in vollem Gange.

Wiederbegegnung mit dem anderen Deutschland

Tillichs politisches Engagement während der Kriegsjahre ist oft hart kritisiert worden. Manche meinten, der religiöse Sozialist der zwanziger und frühen dreißiger Jahre habe sich auch politisch an den American way of life angepaßt und die ursprünglichen Intentionen verraten. Wahr ist, daß der Mann auf der Grenze auch als amerikanischer Staatsbürger jenen entgegengetreten ist, die während des Krieges Deutschland mit Nationalsozialismus («Hitler ist Deutschland») gleichzusetzen suchten und daraus entsprechende politische, wirtschaftliche und kulturelle Konsequenzen gezogen sehen wollten. *Ich habe bekämpft und werde weiter bekämpfen jede moralische Gesamtverurteilung einer natürlich oder geschichtlich gewordenen Gruppe. Eine solche Verurteilung widerspricht dem Geist der Gerechtigkeit, wie ich ihn aus der alttestamentlichen Prophetie von Jugend an geschöpft habe . . . Aus diesem Geiste heraus werde ich auch den jetzt wachsenden Anti-Germanismus bekämpfen*, heißt es in einer veröffentlichten Erklärung von 1942.[122] Doch Sätze wie diese sind nicht das einzige Indiz dafür, daß Tillich an der Wiederbegegnung mit Deutschen in Deutschland viel lag. Infolge der besatzungsrechtlichen Gesetzgebung kann Tillich erst 1948 Deutschland besuchen, und zwar als Gast seiner beiden alten Universitäten Frankfurt und Marburg. Der «World Church Service» und die «Rockefeller Foundation» unterstützen das Vorhaben, über das er in einem Freundesbrief schreibt: *Es war eine der großen Erfahrungen meiner Reise, daß die fünfzehn Jahre oder länger unterbrochenen Beziehungen im Augenblick des Wiedersehens da waren, als ob nichts geschehen wäre. So würde es auch jetzt sein, wenn immer ich zurückkäme . . .*[123]

Einige Wochen lang hält Tillich an der Theologischen Fakultät Marburg und an der Philosophischen Fakultät der Universität Frankfurt Vorlesungen. Für kürzere und längere Zeit besucht er zu Vorträgen und Begegnungen zahlreiche Städte Westdeutschlands. Das Gebiet der «sowjetisch besetzten Zone», das heißt das Territorium der späteren DDR, bleibt ihm verschlossen. Lediglich nach Ost-Berlin bekommt er zu einem kurzen Aufenthalt Einreiseerlaubnis.

Tillichs Versuch, auf Grund der Erfahrungen seines rund fünfmonatigen Deutschland- und Europa-Aufenthalts eine Analyse der allgemeinen und der kirchlich-religiösen Verhältnisse nach Kirchenkampf, Zusammenbruch und Stuttgarter Schulderklärung zu erstellen, dürfte nicht in allen Punkten gelungen sein, obgleich prominente Theologen seine Gesprächspartner waren: Rudolf Bultmann in Marburg, sein kirchenpolitischer Gegner auf dem rechten Flügel Emanuel Hirsch in Göttingen, Karl Barth und Karl Ludwig Schmidt in Basel, Willem Visser 't Hooft, der bekannte holländische Ökumeniker, in Genf. Tillich anerkennt *die religiöse Kraft*, die er in den Anstrengungen zu einer kirchlichen Neuorientierung in Deutschland angetroffen hat, wie sie sich etwa im Rahmen der eben erst im Entstehen begriffenen Evangelischen Kirche in Deutschland (EKD) manifestiert. *Andererseits ist es aber klar, daß viele «Humanisten», die unter dem Druck der gegenwärtigen Katastrophe letzte religiöse Fragen stellen, keine Antwort von dieser Art Neo-Fundamentalismus bekommen. Die Einwände der Nichttheologen, besonders der Naturwissenschaftler, die in übergroßer Zahl meine Vorlesungen besuchten, machten mir die Tragik der Situation klar. Sie werden zurückgestoßen durch den engen Dogmatismus und Konfessionalismus der protestantischen Kirche . . . Das ist eine der vielen tragischen Elemente in der deutschen Kultur der Gegenwart.*[124]

In Berichten über spätere Deutschland-Besuche ist daher die Arbeit der kirchlichen Akademien als Stätten der Begegnung und des Gesprächs zwischen den Disziplinen eigens hervorgehoben. Doch ist dem um eine Ganzheitsschau bemühten Denker klar, daß derartige Aktivitäten eine

Zerbombter Straßenzug in Hamburg, 1945

Tillich in Deutschland, Juli 1951

universalistische, auf die Ganzheit der Wirklichkeit gerichtete Theologie noch nicht ersetzen, sondern erst fordern. Bezeichnenderweise fanden ähnlich eingestellte Theologen, etwa aus der Tübinger Schule Karl Heims, zum Beispiel Adolf Köberle und Otto Dilschneider oder der Kreis um Wilhelm Stählin, gemessen am Einfluß Barths oder Bultmanns kaum Beachtung, ganz zu schweigen von den im kirchlichen Abseits arbeitenden Schülern Rittelmeyers wie Emil Bock oder Rudolf Frieling. Letztere wollten freilich nicht nur theologische Neubesinnung, sondern in erster Linie «religiöse Erneuerung». Das ist mehr!

Was nun das Gegenüber von Theologie und Naturwissenschaft betrifft, so läßt sich die Position Tillichs mit seinen eigenen Worten so umreißen: *In der Naturwissenschaft erfaßt der menschliche Verstand die Gesamtheit der endlichen Gegenstände, ihre gegenseitigen Beziehungen und ihre Wirkungen. In der Religion dagegen begegnet der Mensch in umfassender Weise dem, was seinem Leben Sinn gibt und ihn deshalb unbedingt und letztgültig angeht. Die beiden Dimensionen überschneiden sich, aber sie stehen miteinander nicht in Konflikt. Konflikte entstehen nur, wenn der Unterschied zwischen den Dimensionen nicht erkannt wird und die beiden Seiten, die das geistige Leben des Menschen ausmachen, auf ein und dieselbe Ebene gestellt werden.*[125]

Einige deutsche Universitäten versuchen, Tillich aufs neue als Ordinarius für sich zu gewinnen, und dies, als der Umworbene bereits das Pensionsalter erreicht hat. Zu entsprechenden Verhandlungen kommt es mit der Universität Hamburg. Das Resultat ist ein Kompromiß: Tillich kann sich um anderer neuer Lehrverpflichtungen in Amerika willen zu einer völligen Rückkehr nach Deutschland nicht entschließen, doch er übernimmt in zweijährigem Turnus eine Hamburger Gastprofessur, beginnend mit dem Sommersemester 1956 – Tillich ist 70 Jahre alt! – und endend 1961. Endlich wird der über mehr als eineinhalb Jahrzehnte nahezu Vergessene durch eine Reihe von Ehrungen und Auszeichnungen in den Mittelpunkt des Interesses gerückt:

Tillichs Wohnsitz in East Hampton/Long Island, zuerst Ferienhaus (seit 1943), später auf Dauer (1956–65)

Vor dem Haus in East Hampton, um 1950

Tillich erhält von Prof. Karl Schiller den Goethe-Preis der Stadt Hamburg, 1958

31 Jahre nach der Verleihung der Ehrendoktorwürde durch die Universität Halle wird Tillich Ehrendoktor der Freien Universität Berlin. Die Stadt Frankfurt zeichnet ihn mit der Goethe-Plakette aus. 1958 erhält er den Goethe-Preis der Stadt Hamburg. Schließlich reiht er sich 1962 in den Kreis derer ein, die wie Albert Schweitzer, Max Tau, Hermann Hesse, Karl Jaspers, Martin Buber oder der Inder Sarvepalli Radhakrishnan den Friedenspreis des deutschen Buchhandels erhalten haben. «Paul Tillich ist in Deutschland der Mann der Stunde», verkündet die amerikanische Zeitschrift «Christian Century». Im Beisein von Altbundespräsident Theodor Heuss empfängt der Sechsundsiebzigjährige den wichtigsten deutschen Kulturpreis. Der Berliner Bischof Otto Dibelius, zugleich Ratsvorsitzender der Evangelischen Kirche in Deutschland, hält die Laudatio. Tillichs eigene Ansprache in der Frankfurter Paulskirche trägt den charakteristischen Titel *Grenzen*: *Wen das Schicksal an die Grenze seines Seins geführt, ihn seiner selbst bewußt gemacht hat, der steht vor der Entscheidung, auf das, was er ist, zurückzufallen oder sich selbst zu überschreiten. Jeder Mensch wird dann und wann an die Grenze seines Seins geführt . . . In der Verwirklichung kehren alle Fragen des Überschreitens der Grenze wieder, aber nun geleitet von einem Bewußtsein seiner selbst und seiner eigensten Möglichkeit. Die Menschheit hat zu allen Zeiten und an allen Orten etwas über ihr Wesen und seine Grenzen vernommen. Die*

Übermittler dieser Einsichten, auf deren Urerfahrungen, genannt Offenbarungen, alle Religion und alle Kultur beruht, haben in Gesetzen und Ordnungen die Wesensgrenzen alles Menschlichen in mannigfacher Weise ausgedrückt . . . Sokrates hat das Bewußtsein dieses Zieles die Stimme seines Daimons erlebt, der ihm in schweren Entscheidungen seine Wesensgrenze zeigte. Im Christentum ist es das Bewußtsein religiösen Geführtseins oder, dynamischer, des Vom-Geist-Getriebenseins. So sind es eine Fülle von Aspekten, in denen sich die Grenze als ein menschliches und als ein menschheitliches Urphänomen darbietet. Tillich ruft die existentiell wichtigen Erscheinungsformen der Grenze auf, und zwar im Blick auf die *heilenden Kräfte aus dem Unbegrenzten, Grenze-Setzenden, Gründenden und Führenden allen Seins, die Frieden möglich machen.* Und der nach dem Zweiten Weltkrieg wiederholt nach Deutschland zurückgekehrte Theologe schließt seine Frankfurter Rede mit einem Wunsch *für das deutsche Volk, von dem ich komme und dem ich diese Ehrung verdanke, daß es sich offenhält, seine Wesensgrenze und seine Berufung erkennt und im Wandel der Wirklichkeitsgrenzen erfüllt*[126].

Die Erwähnung dieser Preisverleihung im Jahre 1962, also knapp drei Jahre vor seinem Tod, greift weit voraus in die letzte Lebensphase von Paul Tillich. Ehe von diesem Abschnitt gesprochen werden soll, seien Elemente seines Denkens vorgestellt, und zwar anknüpfend an den Begriff der Grenze und an Hand von Tillichs *Systematischer Theologie.*

Bischof Dr. Otto Dibelius

Elemente theologischen Denkens

Auf der Grenze

Auf die Frage, worin das Wesen seiner theologischen Existenz und seines Schaffens besteht, durch welches Zeichen es sich markieren ließe, gab Paul Tillich eine treffende Antwort. Er nannte die bereits angeführte kleine Sammlung autobiographischer Skizzen aus dem dritten Jahr nach seiner Emigration *Auf der Grenze* (1936). Darin heißt es einleitend: *Als ich die Aufforderung erhielt, die Entwicklung meiner Gedanken aus meinem Leben heraus darzustellen, entdeckte ich, daß der Begriff der Grenze geeignet ist, Symbol für meine ganze persönliche und geistige Entwicklung zu sein.*[127]

Dabei konnte der gerade fünfzigjährige Autor dieses Satzes auf die Tatsache verweisen, daß sich die zugrunde liegende prinzipielle Einsicht bereits in einem seiner früheren Werke, nämlich in *Religiöse Verwirklichung* (1930) finde. Dort liest man den programmatisch anmutenden Satz: *Die Grenze ist der eigentlich fruchtbare Ort der Erkenntnis.* – Was damit in inhaltlicher wie in methodischer Hinsicht gemeint ist, stellt sich – ganz abgesehen von biographischen Vergleichspunkten – in Tillichs Wirksamkeit dar. Die *Grenzen* betitelte Ansprache Tillichs anläßlich der Verleihung des Friedenspreises in der Frankfurter Paulskirche (1962) bestätigt die Gültigkeit des Bildwortes zur Charakterisierung für die gesamte Lebensleistung.

Daß er, der Theologe, sich, dem Philosophen, über die Grenze der Disziplinen hinweg Rede und Antwort zu geben hatte, ist ein weiterer Wesenszug. Doch der um eine möglichst universale, viele Bezirke der Wirklichkeit umfassende Deutung, Orientierung und Wegführung bemühte Denker konnte sich nicht auf die seit langem in professioneller Verengung sich bewegende Theologie beschränken. Daher kommt es, daß sich in dem theologisch-philosophischen Werk zahlreiche Beiträge und Stellungnahmen zu menschenkundlichen, psychologischen wie soziologischen Problemstellungen finden. Es gibt Entwürfe zu einer Theologie der bildenden Kunst und Architektur, Gedanken über die «technische Stadt» ebenso wie Studien zu weltanschaulichen Strömungen, zum Marxismus, Existentialismus, zur modernen Tiefenpsychologie in ihren verschiedenen Ausprägungen, zur gesellschaftlich-politischen Gestaltung, zur Ideologiekritik oder zur Konfrontation der Christenheit mit den östlichen Religionen. *Fast auf jedem Gebiet war es mein Schicksal, zwi-*

schen zwei Möglichkeiten der Existenz zu stehen, in keiner ganz zu Hause zu sein, gegen keine eine endgültige Entscheidung zu treffen. So fruchtbar diese Haltung für das Denken war und ist, weil Denken Offenheit für neue Möglichkeiten voraussetzt, so schwierig und gefährlich ist sie vom Leben her, das ständig Entscheidungen und damit das Ausschließen von Möglichkeiten fordert. Aus diesen Anlagen und diesen Spannungen ergaben sich Schicksal und Aufgabe zugleich.[128]

Sicher ist es nicht schwer, aus dem Bekenntnis zum Grenzgängertum kritische Rückfragen zu formulieren. Es liegt in der Natur der Sache, daß Grenzgänger und Brückenbauer – Tillich verstand sich, wie erwähnt, als *Brücke* – der Unklarheit hinsichtlich der Positionsbestimmung oder gar der geistigen Wankelmütigkeit geziehen werden können. Dabei darf offen bleiben, ob der «großartige Versuch der Synthese», wie es Gotthold Müller[129] einmal nennt, auch geglückt ist oder glücken kann. Viel wichtiger als sogenannte Seinsaussagen zu machen ist für Tillich, sich der Existenz, und das heißt: der jeweils konkreten Situation bewußt zu sein und den Zeitgenossen diese Situation bewußt zu machen. Worin besteht demnach die Grenze als *der eigentlich fruchtbare Ort der Erkenntnis*?

Paul Tillichs Antwort ist unmißverständlich. Sie findet sich daher nicht zufällig in dem Buch «*Religiöse Verwirklichung*», in dem der Autor die Situation des heutigen Menschen analysiert hat. Tillich spricht vom *Erlebnis der menschlichen Grenzsituation* und von der *unbedingten Bedrohtheit des menschlichen Seins*[130]. Es sei dem Protestantismus die Verkündigung dieser Grenzsituation aufgetragen. Liest man Tillichs Ausführungen über die Grenzerfahrungen, wie sie im besonderen seit Luther gemacht worden sind, dann wird vollends deutlich, daß *Grenze* für ihn nicht eine beliebige Metapher, sondern ein echtes Symbol ist. Das heißt konkret: dieses Wort ist gefüllt mit der geschichtlichen Erfahrung des Kämpfens um die «Freiheit eines Christenmenschen» (Luther). Es geht um das Standhalten dessen, der allemal «zu Tode gefordert» ist (Luther). Dabei ist nicht, jedenfalls nicht allein, das Bedrohtsein der vitalen Existenz gemeint. *Die Grenzsituation des Menschen . . . ist darum möglich, weil der Mensch als Mensch über seiner vitalen Existenz steht, weil er gebrochen ist in seinem unmittelbaren Dasein. Menschsein ist diese Erhebung über das bloße Dasein, ist dieses Stehen in der Freiheit, in der Freiheit nämlich, ja oder nein zu sagen zum Dasein. Mit dieser seiner Freiheit, die sein Wesen ist und der er sich nicht entziehen kann, ist auch seine Bedrohtheit gegeben . . . Wo diese Situation in ihrer Unbedingtheit, Unentrinnbarkeit erfahren wird, da ist die menschliche Grenzsituation erfaßt. Der Ort, wo das Nicht-Sein im unbedingten Sinn droht, der Ort, wo unsere ganze Existenz vor dem Nicht-Sein steht, ist die menschliche Grenzsituation.*[131]

Schon aus diesen wenigen Sätzen dürfte deutlich werden, daß Grenze für Tillich nicht allein einen kognitiven, seine Erkenntnisbemühung kennzeichnenden Aspekt aufweist, sondern daß Grenze immer auch das Wissen um die existentielle Grenzsituation umschließt, ja voraussetzt, durch die das Menschsein überhaupt konstituiert wird. Daß sich dann für Tillich ein *Auf der Grenze*-Sein zwischen Temperamenten, Stadt und Land, sozialen Klassen, Theorie und Praxis, Theologie und Philosophie, Kirche und Gesellschaft, Religion und Kultur, Luthertum und Sozialismus, auch zwischen Idealismus und Marxismus ergibt, das entspricht schließlich dem äußeren Schicksal dessen, der als Emigrant *auf die Grenze von Heimat und Fremde* getreten ist und in den USA von neuem begonnen hat.

Erst dadurch, daß vermeintlich endgültige oder absolut gesetzte Positionen der Überzeugung, des Dogmas, der Parteimeinung oder der Weltanschauung konsequent aufgegeben oder doch wenigstens selbstkritisch überprüft werden, erweitert sich der Erkenntnishorizont. Dabei kann der Theologe darauf verweisen, daß es sich mit dieser Öffnung für die «Anderheit des Anderen» (Martin Buber) um mehr als um bloße Flexibilität des Grenzgängers handelt. Vielmehr ist die Bibel als solche ein einzigartiges Dokument der Grenzüberschreitung und des Aufbruchs: Abraham folgt dem Ruf: «Gehe aus deiner Heimat . . . in ein Land, das ich dir zeigen will!» Der Gott der Bibel ist ein Gott der Geschichte, und das heißt der Dynamik. Daraus ergeben sich schließlich auch gesellschaftlich-politische Konsequenzen, denn: *Dieser Gott, der Gott der Propheten und Jesu, zerbricht jeden religiösen Nationalismus, den jüdischen, mit dem er ständig kämpft, und den heidnischen . . . Für den Christen jeder Konfession scheint mir an diesem Punkt kein Zweifel möglich zu sein: er hat die Heimat wieder und wieder zu verlassen und in ein Land zu gehen, das ihm gezeigt wird, und einer Verheißung zu trauen, die für ihn rein jenseitig ist.*[132]

Die hier gemeinte Jenseitigkeit – das sei eigens hervorgehoben – ist im Sinne fortwährender Grenzüberschreitung gemeint. «Grenze» sichert keinen Stillstand, kein «es ist erreicht», sondern: *Das Dasein auf der Grenze, die Grenzsituation, ist voller Spannung und Bewegung. Sie ist in Wirklichkeit kein Stehen, sondern ein Überschreiten und Zurückkehren, ein Zurückkehren, ein Wieder-Zurückkehren und Wieder-Überschreiten, ein Hin und Her, dessen Ziel es ist, ein Drittes jenseits der begrenzten Gebiete zu schaffen, etwas, auf dem man für eine Zeit stehen kann, ohne in einem festen Begrenzten eingeschlossen zu sein.*[133] Diese Sätze wurden von Paul Tillich anläßlich der Friedenspreis-Verleihung 1962 in Frankfurt gesprochen.

Nun ergeben sich allerlei Rückfragen zur Deutung, vor allem zur Bewältigung der Grenzsituation, auch zur weiteren Bestimmung des Grenz-Begriffs. Auf eine dieser Fragen geht Tillich in der Frankfurter Rede ein; es ist die von ihm in anderen Zusammenhängen immer wieder erörterte Frage nach der Wechselbeziehung zwischen dem Endlichen und dem Unendlichen. Was besagt hier Grenze? Tillich antwortet: *Kein Endliches kann seine Endlichkeit zum Unendlichen hin überschreiten. Aber etwas anderes ist möglich: Das Unendliche kann von sich aus seine Grenze zum Endlichen überschreiten. Es wäre nicht das Unendliche, wenn das Endliche seine Grenze wäre.* Indem er auf die heilenden Kräfte aus dem Unbegrenzten, Grenze-Setzenden, Gründenden und Führenden allen Seins verweist, schließt Tillich seine Frankfurter Rede: *Sie sind es, die aus der Enge heraus zum Überschreiten der Grenze führen. Sie sind es, die ein Berufungsbewußtsein geben und damit im Wirrsal der Wirklichkeitsgrenzen die Wesensgrenze offenbaren. Sie sind es, die davor bewahren, die letzte Grenze, die Grenze zum Unendlichen, erstürmen zu wollen. Diese heilenden Kräfte sind immer da. Aber sie können nur wirksam werden, wenn man sich ihnen öffnet . . .*[134]

Ist die Grenze als der Ort der Erkenntnis bestimmt, dann fragt es sich, wie der Grenzgang des Theologen tatsächlich verläuft. Doch was ist Theologie? Was ist Theologie für Paul Tillich? Inwiefern spielt das Motiv der Grenze hier eine Rolle? Es liegt nahe, die Antwort auf diese und ähnliche Fragen nicht in erster Linie von dem umfangreichen Opus der *Gesammelten Werke* zu erwarten, die über weite Strecken essayartigen, entwurfartigen Charakter haben und deshalb vor allem geeignet sind, die Ideenentwicklung Tillichs sichtbar zu machen. Nahe liegt es indessen, sein relativ abgerundetes Spätwerk, die dreibändige *Systematische Theologie* heranzuziehen, zumal in ihr zwei Momente zusammenspielen: einmal das Thema als solches, das seit den Marburger Vorlesungen von 1925 ein Menschenalter lang Gegenstand von Tillichs Lehrtätigkeit gewesen ist; seine Gedankenentwicklung hat sich somit auch hier niedergeschlagen. – Das andere Moment stellt den systematischen Gesichtspunkt dar. Es handelt sich um die konsequente Anwendung eines Ordnungsprinzips, nach dem die Fülle der Stoffgebiete, der Themen und der Sichtweisen der Wirklichkeit erfaßt werden kann. Ein thematisch und stofflich so weit ausgreifendes Werk wie das Tillichs läuft Gefahr, daß seine Konturen verschwimmen, ja daß Mitte und Ziel an Deutlichkeit einbüßen, wenn keine systematisierende Ordnung der Materialien zugrunde gelegt wird. Tillich muß sich dieser Notwendigkeit selbst klar bewußt gewesen sein, denn in der Einleitung zum dritten Band der *Systematischen Theologie* spricht er von der Hilfe, als die er diese Form empfunden habe. Mit Hilfe dieses Instruments wurde es ihm möglich, *Beziehungen zwischen Symbolen und Begriffen zu entdecken, die mir auf andere Weise verborgen geblieben wären. Schließlich führte mich der systematische Aufbau dazu, den Gegenstand der Theologie in seiner Ganzheit zu begreifen, das heißt als «Gestalt», in der viele Einzelheiten und Elemente durch übergreifende Prinzipien und gegenseitige Abhängigkeit miteinander verbunden sind.*[135]

Was also ist Theologie? – Die Antwort – eine unter vielen, wenngleich nicht eine beliebige – eröffnet den ersten Band der *Systematischen Theologie* und somit das Werk als Ganzes, und lautet: *Theologie ist eine Funktion der christlichen Kirche, sie muß den Erfordernissen der Kirche entsprechen.* Es mag überraschen, einen derartig programmatischen Satz bei dem so oft «unkirchlich» anmutenden Paul Tillich zu finden. Dieser Satz wird im folgenden zwar nicht relativiert oder entkräftet, aber er gewinnt aus dem Kontext heraus eine neue Bewertung. Denn Kirche ist weder bloße Institution oder sogenannte Amtskirche noch eine konfessionalistische Größe mit irgendwelchen Monopolansprüchen, wie wir sie in abschreckenden Beispielen aus Geschichte und Gegenwart kennen. Deshalb vermeidet Tillich bisweilen diesen *vieldeutigen Begriff Kirche* und verweist auf eine Wirklichkeit, die weder an Institutionen, Konfessionen noch einzig an Ämter gebunden und somit der Zweideutigkeit enthoben ist. Es ist die *Geistgemeinschaft . . . sie ist Neues Sein, geschaffen durch den göttlichen Geist*[136].

Ehe von dieser Qualität des *Neuen Seins* gesprochen wird, zeigt der Autor der *Systematischen Theologie* an, welche grundsätzlichen Bedürf-

Tillich mit seinen Kollegen vor der Memorial Church in Harvard

nisse ein theologisches System befriedigen müsse: *Es muß die Wahrheit der christlichen Botschaft aussprechen, und es muß diese Wahrheit für jede neue Generation neu deuten. Theologie steht in der Spannung zwischen zwei Polen: der ewigen Wahrheit ihres Fundaments und der Zeitsituation, in der diese Wahrheit aufgenommen werden soll.*[137] Wichtig ist diese doppelte Forderung nicht zuletzt deshalb, weil sich von daher praktisch-methodische Folgerungen ergeben; Folgerungen, die einerseits dafür sorgen, daß Theologie bei der Sache bleibt («Rede von Gott») und daß diese Sache andererseits auch den tatsächlich betrifft, an den sie gerichtet ist. Von anderen theologischen Entwürfen oder Positionen (z. B. Orthodoxie, Fundamentalismus, kerygmatische Theologie) setzt sich Tillich ab, indem er – übrigens ganz im Sinne seiner ersten Ansätze als junger Theologe in Berlin – für eine *apologetische Theologie* eintritt: *Apologetische Theologie heißt antwortende Theologie. Sie antwortet auf Fragen, die die Situation stellt, und sie antwortet in der Macht der ewigen Botschaft und mit den begrifflichen Mitteln, die die Situation liefert, um deren Fragen es sich handelt.*[138] Dabei geht es nicht an, das Christusverständnis einer bestimmten Zeit, sei es der alten Kirche, der Reformation oder des Pietismus mit der ewigen Wahrheit zu verwechseln. Damit hat Tillich im vornherein sichergestellt, daß die von ihm gemeinte Theologie bei allem Respekt vor den Werten der Tradition für das freie Walten des göttlichen Geistes offen bleibt.

Von daher versteht es sich, daß der religiösen Erfahrung, wie sie etwa seit Augustinus, Bonaventura, Thomas Müntzer, den Pietisten und Erweckten, nicht zuletzt seit Schleiermacher erprobt wird, eine wichtige Rolle zugewiesen ist. *Thomas Müntzer hat beinahe alle charakteristischen Züge von dem, was wir heute «existentielle Erfahrung» nennen, einschließlich der Elemente der Angst und Verzweiflung, der «Grenzsituation» der Erfahrung der Sinnlosigkeit; und andererseits hatte er die ekstatische Erfahrung der Macht des Heiligen Geistes, der ihn in den praktischen Entscheidungen seines persönlichen und sozialen Lebens trieb und führte.*[139] Dennoch ist die Erfahrung nicht die eigentliche Quelle, aus der er die Inhalte für seine Theologie schöpft; Erfahrung ist lediglich das Medium, durch das diese Inhalte existentiell empfangen werden können. Tillichs Position als christlicher Theologe ist klar, denn: *Christliche Theologie ist gegründet auf dem einzigartigen Ereignis: Jesus, der Christus, das trotz seiner unendlichen Bedeutung in seiner Konkretheit die Norm für jede religiöse Erfahrung bleibt. Dieses Ereignis ist der Erfahrung vorgegeben und nicht aus ihr abgeleitet. Deshalb empfängt die Erfahrung, aber sie schafft nicht neu. Ihre schöpferische Kraft ist auf die Umwandlung dessen beschränkt, was sie empfängt.*[140] Zumindest am Rande darf notiert werden, daß letztlich auch das Zeugnis «Jesus, der Christus» auf bestimmten Erfahrungen beruht und daß die Sammlung dieser Zeugnisse, das Neue Testament, sowohl in ihren Bestandteilen als auch in ihrer Ganzheit Ausdruck und Niederschlag ebensolcher Erfahrungen ist. Und was für den Bibelkanon gilt, trifft analogerweise auch für die Bekenntnisbildung zu: Wo Einzelne und Gemeinschaften zu Erfahrungen gelangen, da ist die Dogmen- oder Bekenntnisbildung überhaupt erst möglich. Freilich hat religiöse Erfahrung mit Begegnung zu tun, Begegnung mit dem wesenhaft Anderen. Und nur insofern sich der oder das Andere in der Begegnung zeigt, ist Erfahrung möglich. Die Bereitschaft zur Erfahrung allein tut es nicht. – Im Zusammenhang mit dem Thema der Offenbarung wird von der Doppelgestalt dessen zu sprechen sein, was Offenbarung ermöglicht. Von daher dürfte auch ein Licht auf die Frage nach der Erfahrung fallen.

Methode der Korrelation

Wenn Paul Tillich gleich am Eingang zu seiner *Systematischen Theologie* die Forderung erhebt, daß ein theologisches System die Wahrheit der christlichen Botschaft auszusprechen und für jede Generation neu zu deuten habe, dann ergeben sich daraus praktische Folgerungen. Sie reichen bis ins Methodische hinein. Ja, *Methode und System bestimmen sich gegenseitig*[141]. So spricht Tillich von der Methode der Korrelation. Es handelt sich um eine Methode, die dadurch bestimmt ist, daß die Inhalte theologischer Aussage in einer ganz bestimmten Beziehung zu dem Menschen, der sie vernehmen soll, stehen müssen. Es kann demnach keinesfalls damit getan sein, daß der Theologe irgendwelche Glaubenssätze von einst als für heute verbindlich erklärt, ohne ihren Gegenwartsbezug geklärt zu haben. Es geht auch nicht an, daß der Prediger im Grunde nur die Tradition – etwa nach dem Motto: Es steht geschrieben! – rezitiert, und

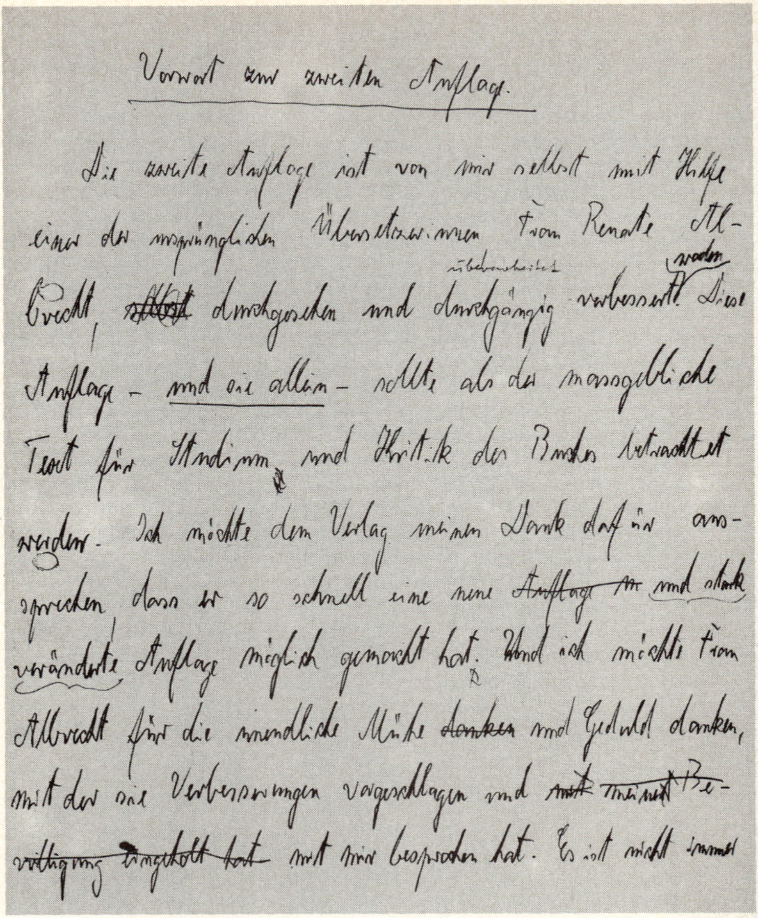

Vorwort zur zweiten Auflage.

Die zweite Auflage ist von mir selbst mit Hilfe einer der ursprünglichen Übersetzerinnen Frau Renate Albrecht, ~~selbst~~ durchgesehen und durchgängig überarbeitet ~~verbessert~~ worden. Diese Auflage – und sie allein – sollte als der massgebliche Text für Studium und Kritik des Buches betrachtet werden. Ich möchte dem Verlag meinen Dank dafür aussprechen, dass er so schnell eine neue ~~Auflage zu~~ und stark veränderte Auflage möglich gemacht hat. Und ich möchte Frau Albrecht für die unendliche Mühe ~~danken~~ und Geduld danken, mit der sie Verbesserungen vorgeschlagen und ~~mit meiner Be-willigung eingeholt hat~~ mit mir besprochen hat. Es ist nicht immer

Entwurf zu einem Vorwort

zwar ohne darauf zu achten, in welcher existentiellen Lage sich der Adressat der Botschaft jetzt und hier befindet.

Paul Tillich sucht nun mittels der Methode der Korrelation Botschaft und Situation in einer bestimmten Weise miteinander zu vereinigen. Er *sucht die Fragen, die in der Situation enthalten sind, mit den Antworten, die in der Botschaft enthalten sind, in Korrelation zu bringen.* Das System, das Tillich entwickelt, *leitet die Antworten nicht aus den Fragen ab, noch gibt es Antworten, die nichts mit der Frage zu tun haben. Es setzt Fragen und*

Antworten, Situation und Botschaft, menschliche Existenz und göttliche Selbstoffenbarung in Korrelation.[142]

Tillich verweist also die Theologie aufs neue an den existierenden Menschen: *Die Theologie formuliert die in der menschlichen Existenz beschlossenen Fragen, und die Theologie formuliert die in der göttlichen Selbstbekundung liegenden Antworten in Richtung der Fragen, die in der menschlichen Existenz liegen.*[143] Letztlich ist der Mensch selbst die Frage nach sich selbst; an dieser Frage erwacht er zu sich selbst. Dieser Vorgang läßt sich beispielsweise an der frühen Philosophiegeschichte der Menschheit ebenso ablesen wie im Laufe des Reifungsprozesses des Einzelnen. *Menschsein bedeutet: nach dem eigenen Sein fragen und unter dem Eindruck der Antworten leben, die auf diese Frage gegeben werden. Und umgekehrt bedeutet Menschsein: Antworten auf die Frage nach dem eigenen Sein erhalten und Fragen unter dem Eindruck dieser Antworten stellen.*[144]

Paul Tillich zeigt nun, wie die systematische Theologie die Methode der Korrelation in der Weise handhabt, daß sie eine Analyse der menschlichen Situation vornimmt. Die jeweilige Situation ist es, die zu existentiellen Fragen anregt. Die jeweils gültigen Antworten sind in den christlichen Symbolen bzw. in den Symbolen der christlichen Botschaft aufgehoben. Sie sind Mal um Mal zu entschlüsseln, so daß sie sich als konkrete Antwort von dem entfremdeten, leidenden, suchenden, entmutigten Menschen empfangen werden können.

Im gleichen Zusammenhang wird eine wichtige Erkenntnisrelation sichtbar, nämlich die zwischen Gotteserkenntnis und Selbsterkenntnis. Tillich erinnert an Johann Calvin, der in den Einleitungssätzen seiner «Institutio» von dieser Korrelation schreibt: «Das Wissen von uns selbst ist nicht nur ein Antrieb, nach Gott zu suchen, sondern vielmehr eine beachtenswerte Hilfe, ihn zu finden. Andererseits ist klar, daß kein Mensch zu der wahren Kenntnis seiner selbst vordringen kann, der nicht vorher über das Wesen Gottes nachgedacht hat und dann zur Betrachtung seiner selber herabgestiegen ist.» Wiederum sei gleichsam als Fußnote angefügt, daß damit ein Korrespondenzpunkt bezeichnet ist, an dem Theologie und Tiefenpsychologie miteinander ins Gespräch kommen können, im besonderen die Theologie Paul Tillichs und die Tiefenpsychologie C. G. Jungs.[145]

Einem etwaigen Mißverständnis kommt Tillich zuvor, wenn er betont, daß die auf die existentiellen Fragen zu gebenden Antworten nicht etwa aus den Fragen selbst abgeleitet werden können, das heißt aus der bloßen Analyse der menschlichen Existenz. Sondern *sie werden in die menschliche Existenz «hineingesprochen» von jenseits der Existenz . . . Inhaltlich hängen die christlichen Antworten von dem Offenbarungsgeschehen ab, in dem sie sichtbar werden; formal hängen sie von der Struktur der Fragen ab, auf die sie Antwort sein sollen. Gott ist die Antwort auf die in der menschlichen Endlichkeit beschlossene Frage. Diese Antwort kann nicht aus der Existenzanalyse hergeleitet werden.*[146] So gesehen beschreibt die korrelative Methode Tillichs, die übrigens in prinzipieller Hinsicht unter anderem auch bei Luther vorkommt, die Phänomene, wie sie sich dem religiösen Bewußtsein zeigen. Es gibt eine Beziehung zwischen Gott und Mensch.[147]

Und wie handhabt Tillich diese Methode? – Er veranschaulicht sie folgendermaßen: *Wenn der Begriff Gott in Korrelation mit der in der Existenz liegenden Bedrohung durch das Nichtsein erscheint, dann muß Gott die unendliche Macht des Seins genannt werden, die der Bedrohung durch das Nichts widersteht. Wenn die Angst als das Gewahrwerden der Endlichkeit verstanden wird, dann muß Gott der unendliche Grund des Mutes genannt werden. Wenn der Begriff «Reich Gottes» in Korrelation mit dem Rätsel unserer geschichtlichen Existenz erscheint, muß «Reich Gottes» der Sinn, die Erfüllung und die Einheit der Geschichte genannt werden.*[148] Da, wo es um uns selbst geht, da, wo wir uns als Betroffene erfahren, trifft uns die Offenbarung als Anrede und Antwort.

Systematische Theologie

Indem sich Tillich für die Methode der Korrelation entschied, traf er zugleich eine Vorentscheidung für den Aufbau seiner *Systematischen Theologie. Die Methode der Korrelation fordert, daß jeder Teil des Systems einen Abschnitt enthält, in dem die Frage durch eine Analyse der menschlichen Existenz und der Existenz überhaupt entfaltet und einen weiteren Abschnitt, in dem die theologische Antwort auf Grund der Quellen, des Mediums und der Norm der systematischen Theologie gegeben wird. Diese Einteilung muß durchgehend aufrechterhalten werden. Sie ist das Rückgrat im Aufbau des vorliegenden Systems.*[149] Der Leser des Werks tut daher gut daran, sich dessen Aufbau zu vergegenwärtigen. Tillichs *Systematische Theologie* liegt zwar in drei Bänden von unterschiedlicher Größe vor, inhaltlich aber hat der Verfasser eine fünfteilige Gliederung gewählt. Das Herzstück bilden jene Teile, die sich auf die drei Glaubensartikel bzw. auf die göttliche Trinität (Gott Vater, Sohn, Hl. Geist – Schöpfung, Erlösung, Heiligung) beziehen. Tillich ordnet jedem dieser theologischen Begriffe einen philosophischen zu, nämlich: *Sein und Gott*, *Die Existenz und der Christus*, *Das Leben und der Geist*. Die Fünfzahl der Teile entsteht dadurch, daß dem erwähnten Hauptteil je ein weiterer Teil vorangestellt und angefügt ist: *Vernunft und Offenbarung* klärt eingangs das Wesen der menschlichen Vernunft in ihrer Beziehung zur göttlichen Offenbarung. Der abschließende fünfte Teil *Die Geschichte und das Reich Gottes* ist der geschichtlichen Dimension als solcher gewidmet.

Es ergibt sich demnach folgende Gliederung, in der der erwähnte korrelative Aspekt bereits in der philosophisch-theologischen Themenangabe deutlich wird:

I. *Vernunft und Offenbarung*	Band I
II. *Sein und Gott*	Band I
III. *Die Existenz und der Christus*	Band II
IV. *Das Leben und der Geist*	Band III
V. *Die Geschichte und das Reich Gottes*	Band III

Trotz dieser Struktur sind die einzelnen Teile der *Systematischen Theologie* nicht etwa in sich abgeschlossen. Unschwer entdeckt der Leser eine Fülle von Bezugspunkten zwischen den einzelnen Teilen. *In gewisser Weise enthält jeder Teil das Ganze, nur von einem verschiedenen Blickpunkt aus, denn das vorliegende System ist keineswegs deduktiv. Gerade die Tatsache, daß in jedem Teil die Frage von neuem entfaltet wird, macht eine kontinuierliche Deduktion unmöglich.*[150]

I. *Vernunft und Offenbarung*

Bei der Überlegung, in welcher Reihenfolge die einzelnen Teile des Werks anzuordnen seien, ließ sich Tillich von dem Gedanken leiten, daß die Theologie zunächst einmal über ihre Erkenntnisse Rechenschaft zu geben habe, vor allem weil sich diese von anderen Erkenntniswegen unterscheiden. Das steht außer Frage, und doch ist Tillichs Hinweis von Belang, wonach das Problem von Vernunft und Offenbarung dem Problem von Sein und Gott *nachgeordnet* sei. Denn *jede erkenntnistheoretische Aussage ist implizit ontologisch*[151].

Ehe von Offenbarung gesprochen werden kann, ist von dem Instrument die Rede, mit dem die Gabe der Offenbarung entgegengenommen werden soll, der Vernunft. Sie ist *die Struktur des Geistes, die es* dem Menschen *ermöglicht, die Wirklichkeit zu ergreifen und umzuformen*[152]. Tillich, der im Blick auf sein Thema klar zwischen ontologischer Vernunft und Vernunft in einem mehr technischen Sinn unterscheidet, weiß von einer *Tiefe* der Vernunft, die das darstellt, was sie selbst nicht ist, was ihr jedoch zugrunde liegt und durch sie offenbar wird. Er gelangt zu dem Schluß: *Die Offenbarung zerstört nicht die Vernunft, vielmehr stellt die Vernunft selbst die Frage nach der Offenbarung.*[153]

Diese Feststellung trifft Tillich in dem Wissen um die Versehrtheit der erkennenden Vernunft. Nicolaus Cusanus hat diesen Tatbestand als «docta ignorantia» (wissende Unwissenheit) gekennzeichnet. Diese Erkenntnis der Endlichkeit der Vernunft wehrt einem blinden Erkenntnisoptimismus ebenso wie einem Pessimismus, der über die vielzitierten «Grenzen der Erkenntnis» nicht hinauszublicken wagt. In dieser Situation macht Tillich deutlich, daß der der Endlichkeit der Vernunft bewußte Mensch zugleich des Unendlichen gewahr werde, *das in jedem Endlichen gegenwärtig ist, obwohl es dieses unendlich transzendiert. Die Art, wie der unerschöpfliche Grund in allem Seienden gegenwärtig ist, nennt Cusanus die «coincidentia oppositorum». Das bedeutet: trotz ihrer Endlichkeit wird die Vernunft ihrer unendlichen Tiefe gewahr. Sie kann die Tiefe nicht in Form rationaler Erkenntnis ausdrücken (ignorantia), aber die Erkenntnis, daß dies unmöglich ist, ist wirkliche Erkenntnis (docta).*[154] Nicht Erkenntnisverzicht, sondern Erkenntniszuversicht ist die Frucht dieser Überlegung.

Deutlich arbeitet der Autor der *Systematischen Theologie* den Bezug zwischen Vernunft und Offenbarung heraus, indem er sowohl etwaige Anklagen gegen die Vernunft wie etwaige Angriffe auf die Theologie abweist. In beiden Fällen liege *theologische Unwissenheit* bzw. *rationali-*

stische Oberflächlichkeit, theologische Arroganz bzw. *rationalistische Hybris* vor.[155]

Aber was ist Offenbarung? – Tillichs Antwort lautet: *Offenbarung ist das Sichtbarwerden des Seinsgrundes für die menschliche Erkenntnis.*[156]

Nun wird von einer Offenbarung die Kundmachung oder Offenlegung eines Verborgenen erwartet. Es stellt sich im religiösen Bereich sogleich die Frage, ob das Geoffenbarte, das dem menschlichen Erfahren zugänglich Gemachte seine Besonderheit, nämlich den Charakter des Mysteriums, beibehält oder ob Offenbarung soviel heißt wie «rationale Auflösung». – Gewiß sind Rätsel oder Probleme dazu da, gelöst zu werden. Ein echtes Mysterium aber wird nicht dadurch «aufgelöst» oder «verstanden», daß man es rational erklärt. Sein Eigentliches besteht gerade darin, daß es weder sichtbar noch sagbar ist. (Das Wort «myein», schließen, deutet hin auf das Schließen der Augen und des Mundes.) Eine andere, dem gewöhnlichen Erkennen entgegengesetzte Erkenntnishaltung ist erforderlich, soll das Mysterium in den Erkenntnisbereich menschlicher Erfahrung gelangen. Das Mysterium charakterisiert ohnehin eine Dimension, *die der Subjekt-Objekt-Beziehung «vorausgeht» . . . Es ist unmöglich, die Erfahrung des Mysteriums in alltäglicher Sprache auszudrücken, weil diese Sprache aus dem Subjekt-Objekt-Schema erwachsen und an sie gebunden ist.*

So gesehen kann ein echtes Mysterium seinen Mysteriencharakter auch dann nicht preisgeben, wenn es geoffenbart ist. Von diesen Überlegungen herkommend gelangt Tillich zu dem Schluß: *Offenbarung von dem, was seinem Wesen nach ein Mysterium ist, bedeutet Manifestation von etwas, das innerhalb des Zusammenhangs der alltäglichen Erfahrung begegnet und doch den gewöhnlichen Erfahrungszusammenhang transzendiert.*[157] Propheten, Apostel, religiöse Ekstatiker und Charismatiker bedienen sich zwar der Sprache und des Vorstellungskanons ihres Kulturkreises, die Inhalte ihrer Rede lassen sich analysieren, vergleichen, kritisieren; der Gehalt ihrer Rede ist aber letztlich nicht aussagbar.

Was sind demnach Merkmale religiöser Offenbarung? – Tillich bezieht den existentiellen Aspekt mit ein, wenn er sagt: *Offenbarung ist die Manifestation dessen, was uns unbedingt angeht. Das Mysterium, das offenbart wird, geht uns unbedingt an, weil es der Grund unseres Seins ist.*[158] Wichtig und hilfreich bei der Wesensbestimmung von Offenbarung ist schließlich Tillichs Hinweis auf die subjektive und auf die objektive Seite des Offenbarungsgeschehens: *Jemand ist von der Manifestation des Mysteriums ergriffen: das ist die subjektive Seite des Geschehens. Etwas geschieht, durch das das Mysterium der Offenbarung jemanden ergreift: das ist die objektive Seite. Diese beiden Seiten können nicht voneinander getrennt werden. Wenn nichts objektiv geschieht, so wird nichts offenbar. Wenn niemand das subjektiv empfängt, was objektiv geschieht, so verfehlt das Ereignis, etwas zu offenbaren.*[159] Offenbarung hängt somit nicht allein von dem ab, der vorgibt, eines Mysteriums inne geworden zu sein. Andererseits ist die Verkündigung einer Botschaft an den Botschafter gebunden, der sie entgegennimmt und weiterträgt. Die gebende und die empfangende Seite sind einander zugeordnet; auch sie stehen in Korrelation. Vernunft und Offenbarung korrespondieren einander.

Seit Aristoteles und Thomas von Aquin ist die Frage nach Gott auf das innigste mit der Frage nach dem Sein verknüpft. Tillich geht es nicht primär und nicht allein darum, sich zu einer bestimmten Denktradition zu bekennen. Wichtiger ist ihm die konsequente Anwendung der Methode der Korrelation, und das heißt hier die Aufhellung der unumgänglichen Beziehung zwischen philosophischem Fragen und theologischem Antworten. In der Schrift *Biblische Religion und die Frage nach dem Sein* (1955/56) findet sich Klärendes: *Kein Theologe sollte als Theologe ernst genommen werden, selbst wenn er ein großer Christ und ein großer Gelehrter ist, wenn seine Arbeit beweist, daß er die Philosophie nicht ernst nimmt . . . Wir können der Philosophie nicht entrinnen, weil die Wege, auf denen wir ihr entrinnen wollen, gebaut und gepflastert sind von der Philosophie selbst.*[160]

Im gleichen Zusammenhang wird darauf hingewiesen, daß die christliche Theologie gar nicht in der Lage sei, das Sein Gottes, Gott selbst zu erklären als den, der «ist». Schließlich ist der Mensch durch die Tatsache bestimmt, daß er die Frage nach dem Sein stellt. Das heißt doch: die Methode der Korrelation ist gerade angesichts der Frage nach Gott durch den Menschen, jeden Menschen, gefordert. Eine andere Frage ist es, ob «das beladenste aller Menschenworte» (so Martin Buber) immer und zu jeder Zeit ausgesprochen werden muß oder ob ein anderes Vokabular hilfreicher ist als das religiös-traditionelle.

Paul Tillichs *Systematische Theologie* – nicht nur sie – ist dadurch gekennzeichnet, daß ihr Verfasser an entscheidenden Stellen in der Wahl der Begriffe auf die nichttraditionelle Terminologie zurückgreift. Er tut es freilich nicht etwa, weil es seine Absicht gewesen wäre, die Tradition zu tilgen, sondern weil es gilt, die in den Symbolen und Begriffen der christlichen Tradition aufgehobene *verlorene Dimension* aufs neue zu erschließen – so auch bei der Vokabel «Gott». Für ungezählte Zeitgenossen ist sie entleert. Für sie ist «Gott tot». Eben dieser Tatsache möchte Tillich als Theologe Rechnung tragen. Als apologetischer, das heißt als antwortender Theologe stimmt er nicht etwa in den Chor derer ein, die – Ende der fünfziger, Anfang der sechziger Jahre – damit begonnen haben, eine «Theologie nach dem Tode Gottes» (Dorothee Sölle) zu entwerfen. Auch hier ist «Antwort» unerläßlich.

Wer sich um Antwort bemüht, muß sich um die Sprache dessen kümmern, dem er zu antworten hat. Das ist denn auch der Grund, weshalb Tillich eine Kritik nicht als fruchtbar anzusehen vermag, die – wie es bisweilen geschieht – behauptet, er habe die Substanz der christlichen Botschaft preisgegeben, weil er auf die gewohnte kirchliche Sprechweise verzichtet. *Ohne solche Neuformulierung würde ich es für überflüssig halten, ein theologisches System zu entwickeln,* betont er im Vorwort zum zweiten Band der *Systematischen Theologie.*

Auf das Rahmenthema *Sein und Gott* angewandt, lautet daher Tillichs korrelative *Neuformulierung* des Gottesbegriffs: *Gott ist die Antwort auf die Frage, die in der Endlichkeit des Menschen liegt; er ist der Name für das, was den Menschen unbedingt angeht.* In der anschließenden Erläuterung dieser Gleichung grenzt sich Tillich gegenüber jenen auf dem orthodoxen Flügel ab, die alles Sein von einem Wesen namens «Gott» ableiten, um schließlich die ethische Forderung zu erheben, daß die Gebote dieses Wesens den Menschen «unbedingt angehen». Tillich verzichtet auf diese Voraussetzung von einem Gott, den es gibt. Sein Satz meint, *daß das, was einen Menschen unbedingt angeht, für ihn zum Gott (oder Götzen) wird, und er heißt, daß nur das ihn unbedingt angehen kann, was für ihn Gott (oder Götze) ist*[161].

Für Paul Tillich ist in unserem Zusammenhang jene Spannung von Wichtigkeit, die in der menschlichen Erfahrung liegt. Denn einerseits muß das zu Erfahrende eine konkrete Gestalt annehmen, *andererseits muß das, was unbedingt angeht, alles, was uns vorläufig und konkret angeht, transzendieren*[162]. Nur was über das Konkrete, Endliche, Bedingte hinausweist, kann Antwort sein, kann Antwort enthalten.

Nun kennt die Religionsgeschichte, auch die heute geschehende, eine Unzahl von variablen Gottesbildern, denen – bald offen, bald versteckt – menschliche Züge anhaften. Das hat Kritiker der Religion wie Ludwig Feuerbach dazu veranlaßt, Gott und Religion jeglicher Art als Resultate menschlicher Projektion zu erklären: «Der Mensch schuf (und schafft) sich Gott nach seinem Bilde.» Tillich leugnet Projektionsvorgänge dieser Art nicht. Er macht jedoch darauf aufmerksam, daß jede Projektion so etwas wie eine Projektionswand braucht, um wahrgenommen zu werden. Die Projektion, sie sei, was sie wolle, setzt stillschweigend immer schon ein anderes Seiendes voraus. *Die Sphäre, in die göttliche Bilder projiziert werden, ist nicht eine Projektion. Sie ist das Unbedingte in Sein und Sinn. Sie ist das, was uns unbedingt angeht.*[163]

Oder um es analog zu Tillichs Verständnis von Offenbarung zu sagen: Die bedingte, von der Endlichkeit genommene und projizierte Vorstellung von Gott verhält sich zu dem Unbedingten wie die subjektive Seite der Gottesvorstellung zu der objektiven Gotteswirklichkeit, die sich Mal um Mal zeigt. Die Projektion menschlicher Vorstellungen ist demnach nicht das Eigentliche. Sie ist vielmehr nur ein Mittel zum Zweck. Anders würde das Unbedingte gar nicht erfahrbar werden. Denn nicht die von den einen als eine unbrauchbar gewordene Arbeitshypothese, von den anderen als eine dreiste Zumutung empfundene Gottesidee ist für Tillich das eigentliche Problem. Ihn beschäftigt vielmehr die stets aktuelle, wenngleich von den Theologen in den letzten Jahrzehnten vernachlässigte Frage nach der *Erfahrbarkeit* Gottes.

Die Erfahrung dessen, was den Menschen unbedingt angeht, bedarf eines Mediums, des Symbols. Die Theologie spricht seit alters von der «analogia entis». Gemeint ist die analoge Beziehung zwischen dem Endlichen und dem Unendlichen. Schon im ersten Teil *Vernunft und Offenbarung* findet sich der Satz: *Ohne eine solche Analogie könnte nichts über Gott ausgesagt werden.*[164] Das ist keinesfalls ein Plädoyer für eine «natürliche Theologie», wie manchmal vermutet wird. Tillich weist lediglich auf die Notwendigkeit hin, *das aus der endlichen Wirklichkeit entnommene Material zu gebrauchen, um der kognitiven Funktion in der Offenbarung ihre Inhalte zu geben*[165]. Klarer ist die Feststellung, *daß jede konkrete Aussage über Gott symbolisch sein muß*[166].

Sätze wie diese sind nur zu verstehen, wenn man weiß, daß Tillich – übrigens ganz ähnlich wie C. G. Jung[167] – sehr deutlich zwischen dem (eindimensionalen) «Zeichen» und auf eine tiefere bzw. höhere Dimension verweisendes «Symbol» unterscheidet: *Während das Zeichen nicht notwendig verbunden ist mit dem, worauf es hindeutet, partizipiert das Symbol an der Wirklichkeit dessen, für das es Symbol ist. Ein Zeichen kann willkürlich vertauscht werden, je nach Zweckmäßigkeit, aber Symbole nicht ... Darum kann das religiöse Symbol nur dann ein wahres Symbol sein, wenn es an der Mächtigkeit des Göttlichen partizipiert, auf das es hindeutet.*[168] Damit ist schon ein wesentliches Merkmal genannt. Hinzu kommt, daß Symbole nicht willkürlich erfunden werden können. Sie repräsentieren eine Qualität, eine Macht, *Dimensionen der Wirklichkeit zu erschließen, die gewöhnlich durch die Vorherrschaft anderer Dimensionen verdeckt sind ... Religiöse Symbole vermitteln durch ihr Teilhaben am Heiligen die Erfahrung des Heiligen an Dingen, Personen und Ereignissen ... eine Erfahrung, die durch keine Erkenntnis vermittels philosophischer oder theologischer Begriffe ersetzt werden kann.*[169]

Aus der Vielzahl der sich ergebenden Probleme sei zumindest die Frage herausgegriffen, ob ein Ausschnitt endlicher Wirklichkeit – zum Beispiel das Symbol von Wasser, Brot, Wein, Kreuz – über die jeweils gemeinte unendliche Wirklichkeit eine gültige Aussage machen könne. Tillichs Antwort lautet: *Sie kann es, weil das, was unendlich ist, das Sein-Selbst ist, und weil alles Seiende am Sein-Selbst partizipiert. Die analogia entis ist nicht die Eigenart einer fragwürdigen Theologie, die durch Schlußfolgerungen vom Endlichen auf das Unendliche Gotteserkenntnis zu gewinnen sucht. Die analogia entis gibt uns allein das Recht, überhaupt von Gott zu sprechen. Sie beruht auf der Tatsache, daß Gott als Sein-Selbst verstanden werden muß.*[170]

III. *Die Existenz und der Christus*

Ist die philosophische Grundfrage die Frage nach dem Sein, die theologische die Frage nach Gott, so gelangt Tillich im dritten Hauptteil seines Werks zur Mitte christlicher Theologie überhaupt. Gewiß werden, wie zu erwarten, die sogenannten christologischen Probleme besprochen, wie sie von der Lehrüberlieferung der Kirche her bekannt sind. Die Anwendung der korrelativen Methode läßt jedoch deutlich werden, daß es angesichts der Christusfrage letztlich um den Menschen selbst geht, um seine Existenz und sein Schicksal. Und sehen wir einmal davon ab, daß die Neuformulierung einiger im ersten Band gegebener Antworten vorangestellt sind, so ist doch der zweite Band allein dem zentralen Thema *Die Existenz und der Christus* gewidmet.

Nachdem Tillich in den ersten beiden Teilen seines Systems eine theologische Antwort auf Grundfragen gegeben hat, kehrt sein Gedankengang zur existentiellen Fragestellung zurück. Mit anderen Worten: Es handelt sich um den Übergang vom essentiellen zum existentiellen Sein. Von der Essenz reden, heißt von dem reden, das der Mensch ist, wer und wie er sein soll, wie er – religiös gesprochen – als Ebenbild Gottes von seinem Schöpfer gedacht ist. Von der Existenz reden, heißt von der tatsächlichen Situation dieses seienden Menschen reden, nämlich von dem «Fall» und «Abfall» des Menschen. Die Bibel, aber auch außerbiblische religiöse Dokumente sprechen in der Sprache des Mythos bald von der Tragik eines Zusammenbruchs, bald von einem schicksalhaften Abstieg oder Abfall aus dem Zustand des Einsseins von Gott und Mensch in den Zustand des leidvollen Getrenntseins und der Entfremdung. *Das dem Mythos vom transzendenten Fall zugrunde liegende Motiv ist der tragisch-universale Charakter der Existenz. Der Sinn des Mythos ist, daß der Übergang vom essentiellen zum existentiellen Sein im Charakter der Existenz selbst liegt. Der individuelle Akt existentieller Entfremdung ist kein isolierter Akt eines isolierten Individuums. Es ist ein Akt der Freiheit, der in die Breite eines universalen Schicksals eingebettet ist. In jedem individuellen Akt verwirklicht sich der Akt individueller Freiheit und universalen Schicksals zugleich. Beide Formen des Mythos vom Fall sind daher gerechtfertigt: Die Existenz wurzelt in der Freiheit und im tragischen Schicksal. Wenn man die eine oder andere Seite leugnet, wird die menschliche Situation unverständlich. Ihre Einheit ist das Problem der Lehre vom Menschen.*[171]

Während nun die christliche Tradition und die klassische Theologie den Begriff der Sünde gebrauchen und den seit langem umstrittenen der Erbsünde geprägt haben, ist es Tillich darum zu tun, das mit diesen Vokabeln Gemeinte aufs neue zugänglich und faßbar zu machen. Statt lediglich kirchliche Lehraussagen von einst zu rekapitulieren oder zu modifizieren, sieht er sich nach zeitgemäßeren Erkenntnishilfen um. In den Analysen des modernen Existentialismus findet er den Menschen des «alten Äon», das heißt den im Zustand der Selbstentfremdung befindlichen Menschen in zutreffender Weise beschrieben. Für Tillich ist diese philosophische Richtung ein *natürlicher Bundesgenosse des Christentums.* Der Existentialismus habe der Theologie geholfen, das menschliche Existieren endlich wieder zu begreifen. Der systematische Theologe könne eine solche Aufgabe nicht allein leisten. *Er braucht die Hilfe der Träger der existentialistischen Bewegung in allen Kulturgebieten. Er braucht vor allem die Hilfe der Praktiker der Existenzforschung, z. B. Geistliche, Erzieher, Psychoanalytiker und psychologische Berater. Der Theologe muß die traditionellen religiösen Symbole und theologischen Begriffe im Lichte des Materials, das er von den Genannten erhält, neu interpretieren.*[172]

Wenn der Zustand der Existenz der Zustand der Entfremdung ist – der Entfremdung vom *Grund des Seins* (Gott), vom anderen und von sich selbst –; wenn persönliche Schuld, Leiden, Tod und universale Tragik Ausdruck dieser Entfremdung sind, dann fordert diese Not das Notwendende heraus. Was aber hebt die Entfremdung des Menschen auf? Welche Aufhebung der Entfremdung ist zugleich so personal und so universal, daß das konkrete Ich, das konkrete Du, die Beziehung zwischen Ich und Du, aber auch die Beziehung des Ich zum «ewigen Du» vom Grund auf erneuert wird?

Die Antwort darauf kann nicht bloß eine neue Lehre sein, also auch nicht nur die Verkündigung des Christentums. Die Antwort auf die Existenzfrage muß eine *neue Wirklichkeit* sein. Damit ist die Ebene bloßen Interpretierens, Dozierens oder Predigens verlassen. Aufgegeben und als ungangbar werden die verschiedenen Wege der Selbst-Erlösung erklärt. Bemerkenswert ist, daß Tillich im Zusammenhang seiner Ablehnung von mystischen Wegen der Selbst-Erlösung eigens darauf hinweist, daß die klassische Mystik von dieser Kritik ausgenommen ist. *Wenn die Theologen ihr Augenmerk mehr auf die Grenzen richteten, die die Mystiker selbst gesehen haben, würden sie die große Tradition der Mystik positiver bewerten müssen.*[173] Tillich denkt an manche ungerechtfertigte Ablehnung der Mystik, wie sie etwa von Albrecht Ritschl, Barth, Brunner und den von ihnen abhängigen Theologen vertreten wurde.

Wichtig ist Tillichs Hinweis, wonach das *Verlangen nach einem Neuen Sein* universal ist, weil auch die menschliche Entfremdung allem Menschsein innewohnt. Bis in die säkularen utopischen Hoffnungen und Zielbilder hinein lassen sich Spuren dieses Verlangens nachweisen.

Neues Sein – das ist bei Tillich das zentrale christologische Grundwort. Der dem *Grund des Seins* oder der *Tiefe des Seins* entfremdete Mensch fragt nach dem *Neuen Sein.* Die Antwort darauf ist keine Lehre, kein Dogma, auch keine ethische Norm, sondern ein konkreter Mensch. Es ist einer, der «unter das Gesetz getan», das heißt wie jeder andere der Existenz unterworfen ist. Das Neue Testament hebt die totale Menschlichkeit des «Menschensohns» Jesus Christus hervor. Gleichzeitig wird die Totalität der Teilhabe an der menschlichen Existenz qualifiziert: «Er ist versucht allenthalben gleichwie wir, doch ohne Sünde» (Hebr. 4,15). Damit ist das Existieren des Jesus von Nazareth zwar nicht relativiert, aber es wird transzendiert. Es entsteht ein Paradox, nämlich *das einzige umfassende Paradox des Christentums* überhaupt. Es ist in der Behauptung ausgesprochen, *daß das Neue Sein in Jesus als dem Christus erschienen ist*[174]. Diese Paradoxie hebt Tillich ab von einer dialektischen Aussageweise und vom Begriff des Absurden ebenso wie von dem des Mysteriums, obwohl die Kunde, der historische Jesus sei der Christus, ein Mysterium umschließt, das einer rationalen Auflösung widersteht. Tillich nimmt den Terminus des Paradoxen wörtlich: *Paradox ist, was der doxa, der Meinung, widerspricht, die auf die alltägliche Erfahrung – sowohl ihre empirischen wie ihre rationalen Elemente – gegründet ist. Das christliche Paradox steht gegen diese Meinung, die abgeleitet ist von der existentiellen Situation des Menschen, insbesondere den natürlich-vernünftigen Erwartungen in ihr . . . Die Erscheinung des Neuen Seins unter den Bedingungen der Existenz, sie richtend und überwindend, ist das Paradox der christlichen Botschaft.*[175]

Es ist die Wirklichkeit des *Neuen Seins*, die den Mittelpunkt in Tillichs weiterer Besinnung auf Christus und dessen existentielle Bedeutsamkeit für den Menschen darstellt. In einer seiner *Religiösen Reden*, die diesem Thema gewidmet ist – im Grunde ist es das Thema des gesamten Bandes –, sagt Tillich, dieses *Neue Sein* trete nicht einfach an die Stelle des alten Zustands. Es sei vielmehr *eine Erneuerung des Alten, das verdorben, entstellt, zerspalten und beinahe vernichtet war . . . Das Alte Sein ist durch Unvollkommenheit und Tod gekennzeichnet. Das Neue Sein trägt ein neues Kennzeichen, das über das Alte hinausweist. Aus Unvollkommenheit und Tod wurde etwas von ewiger Bedeutung geboren. Was in Auflösung unter-*

gegangen war, taucht als Neue Schöpfung wieder auf. Auferstehung wird h*e*u*t*e *Ereignis oder überhaupt nicht. Sie ereignet sich in uns und um uns, in Seele und Geschichte, in Natur und Universum. Versöhnung, Vereinigung, Auferstehung – das ist die Neue Schöpfung, das Neue Sein, die Neue Wirklichkeit.*[176]

Auch wenn nur wenige der christologischen Aspekte und Deutungen Tillichs hier referiert werden können, so darf doch eines nicht übersehen werden; es ist der Gesichtspunkt des Historischen. Er ist durch die Gestalt Jesu repräsentiert. Tillich fordert für die christliche Theologie, daß sie auf der *Anerkennung der historischen Faktizität des Jesus von Nazareth* bestehe. Bultmanns Begnügen mit dem bloßen «daß seines Gekommenseins» müßte Tillich als Preisgabe empfinden, denn: *Gäbe es kein personhaftes Leben, in dem die existentielle Entfremdung überwunden ist, dann würde das Neue Sein eine Forderung und eine Erwartung sein und nicht Wirklichkeit in Raum und Zeit.*[177] Und gerade diese Wirklichkeit manifestiert sich in der Gestalt des historischen Jesus. Deshalb Tillichs hohe Einschätzung der historisch-kritischen Forschung und der sogenannten Leben-Jesu-Forschung, die Albert Schweitzer in ihren wichtigsten Phasen, vor allem in ihrem Scheitern dargestellt hat.[178] Freilich überschreitet Tillich auch hier die Grenzen, die letztlich das Scheitern der historischen Jesus-Forschung mitbedingt haben, die deutlich machte, daß die Sicherung etwaiger historischer Daten den christlichen Glauben nicht zu garantieren vermag. *Die Gewißheit des Glaubens schließt keine Gewißheit über Fragen der historischen Forschung ein . . .* Aber *indem die historische Forschung den Unterschied zwischen historischen, legendären und mythischen Elementen in den Evangelienberichten feststellte, lieferte sie der systematischen Theologie ein Werkzeug, mit dessen Hilfe die christologischen Symbole der Bibel interpretiert werden konnten*[179].

Nicht das historische Faktum, Jesus, verbürgt *Neues Sein*, sondern die historisch nicht aufweisbare, nur im Glauben zugängliche Paradoxie, daß sich in dem historischen Jesus der Christus als Bringer oder Träger des *Neuen Seins* manifestiert hat. Manifestiert hat es sich in seinem Wort, in seinem Handeln und in seinem Leiden. In dieser Dreigestalt konkretisiert sich dieses Sein als eine Wirklichkeit. Und nicht nur das, es ist erfahrbar. *Das Neue Sein in Jesus als dem Christus erfahren, heißt, die Macht in ihm erfahren, die die existentielle Entfremdung in ihm selbst und in jedem, der an ihm teilhat, überwindet. Das Wort «Sein» weist darauf hin, daß diese Macht nicht eine Sache des guten Willens ist, sondern ein Geschenk. Damit ist gesagt, daß sie jedem Willensakt vorausgeht und dessen Charakter bestimmt. In diesem Sinne kann man sagen, daß der Begriff des Neuen Seins das Wesen der Gnade sichtbar macht.*[180]

IV. *Das Leben und der Geist*

Der dritte und abschließende Band, dessen deutsche Ausgabe (1966) der Autor nicht mehr erlebte, trägt die Widmung: *Für Hannah, die Gefährtin meines Lebens.* Diese persönliche Note klingt mit dem Thema des vierten, umfangreichsten Teils des Gesamtwerks zusammen. Dieser Teil ist überschrieben: *Das Leben und der Geist.*

Leben ist «Aktualisierung des Seins» (Aristoteles), und zwar dergestalt, daß es die beiden Qualitäten des Essentiellen und des Existentiellen umfaßt. Um nun Lebensprozesse beschreiben zu können, ist eine angemessene Begrifflichkeit erforderlich. Tillich verwirft die abgrenzende Metapher der «Schicht», weil mit ihrer Hilfe weder die Ganzheit noch die wechselseitigen Bezüge der Lebenserscheinungen deutlich werden. Anders der Begriff der «Dimension», für den sich Tillich entscheidet. Das Anorganische, Organische, Psychische, schließlich das Geistige und das Geschichtliche stellen wichtige Dimensionen des Lebens dar. Das Leben selbst jedoch unterliegt dem Gesetz der *Zweideutigkeit*, wobei das entsprechende englische Wort «ambiguity» mehr die grundsätzliche und bleibende Problematik einer Sache hervorhebt.

Diese *Zweideutigkeit* ergibt sich bereits aus der Tatsache existentieller Entfremdung, die allem Menschsein wie ein Stigma eingebrannt ist. *In allen Lebensprozessen ist ein essentielles und ein existentielles Element geschaffene Gutheit und Entfremdung – so miteinander verflochten, daß weder das eine noch das andere ausschließlich wirksam ist. Das Leben umfaßt immer essentielle und existentielle Elemente – das ist die Wurzel seiner Zweideutigkeit. Die Zweideutigkeiten des Lebens erscheinen in allen Dimensionen, in allen Prozessen, in allen Bereichen. Daher ist die Frage nach unzweideutigem Leben überall latent vorhanden. Alle Geschöpfe sehnen sich nach einer unzweideutigen Erfüllung ihrer essentiellen Möglichkeiten.*[181] – Wie kann diese Unzweideutigkeit hergestellt, zumindest bewußt gemacht und in den Blick gefaßt werden? Es ist demnach zu zeigen, wie die existentielle Frage menschlicher Zweideutigkeit beantwortet werden kann.

Paul Tillich verweist auf eine Reihe von Symbolen: «Gegenwart des göttlichen Geistes», «Reich Gottes» und «Ewiges Leben». Während das erste Symbolwort besagt, *daß das göttliche Leben in dem kreatürlichen Leben anwesend oder gegenwärtig ist*, steht die vom Neuen Testament her bekannte Vokabel «Reich Gottes» *einmal für den Kampf des unzweideutigen Lebens gegen die Kräfte der Zweideutigkeit, zum andern für die letzte Erfüllung, auf die die Geschichte zuläuft.* Das Material für das Symbol «Ewiges Leben» *ist der von Raum und Zeit beherrschten endlichen Welt entnommen, aber es durchbricht diese Schranken. «Ewiges Leben» überwindet die Gefangenschaft in den kategorialen Grenzen der endlichen Existenz. Es bedeutet nicht: endlose Fortsetzung dieser Existenz, sondern den Sieg über ihre Zweideutigkeiten.*[182]

Das Symbol «Gegenwart des göttlichen Geistes» ist unmittelbar auf den Menschen bezogen. Er hat Anteil an der Dimension des Geistes. Und *Geist kann definiert werden als Aktualisierung von Macht und Sinn in ihrer Einheit*[183]. Nun ist «Geist» und «göttlicher Geist» nicht etwa identisch, aber weil sich der Mensch als Geist oder als Träger des Geistes zu erfahren vermag, ist er in der Lage, nach dem göttlichen Geist zu fragen. – Es versteht sich, daß alle Aussagen darüber symbolischer Natur sind. Das heißt, es wird einerseits in Bildern und Begriffen gesprochen, es wird an konkreten Erfahrungen angeknüpft, andererseits dürfen diese Materialien nicht ihrem buchstäblichen Sinne nach genommen werden. Sie sind vielmehr auf das hin zu überschreiten, für das die jeweiligen Symbole stehen. *Der Geist als eine Dimension des endlichen Lebens wird zur Selbst-Transzendierung getrieben, er wird von etwas Letztem und Unbedingten ergriffen. Er ist noch der menschliche Geist, er bleibt, was er ist, aber zu gleicher Zeit geht er unter dem Einwirken des göttlichen Geistes über sich hinaus.*[184]

Dieses Hinausgehen ist mit «Ekstase» dann zutreffend bezeichnet, wenn es nicht spiritualistisches Chaos meint, sondern wenn *die Einheit von Struktur und Ekstase* gewahrt ist. Tillich kann sich auf den *Theologen des Geistes* Paulus berufen, der beispielsweise in seinen Briefen an die Korinther einer ungeordneten spiritualistischen Chaotik entgegentritt, gleichzeitig aber die Fülle spiritueller Charismata (Geistesgaben) preist. Energisch widerspricht Tillich einer Verwechslung von Ekstase als Ausdrucksform spiritueller Erfahrung und einem chaotischen, auch pathologischen Wildwuchs. Eben dieser Verwechslung machte sich die Kirche meist dann schuldig, wenn sich ihre Amtsträger Charismatikern gegenübersehen, durch die sich die unverfügbaren Geistesgaben manifestierten. Die Geschichte des esoterischen Christentums, die über weite Strekken mit der Ketzergeschichte identisch ist, liefert dafür Beispiele in großer Zahl.[185]

Dem Einwand, Ekstasen oder geistig-religiöse Erfahrungen, die im Zustand eines erhöhten Wachbewußtseins gewonnen werden, seien stets biologisch-psychologisch bedingt, begegnet Tillich mit dem Hinweis: *Da aber die Dimension des Geistes potentiell in der Dimension des Psychischen gegenwärtig ist, können sich aus der Dynamik des Psychischen geistige Strukturen erheben. Das geschieht z. B., wenn ein mathematisches Problem gelöst, ein Gedicht geschrieben oder eine Gesetzesentscheidung gefällt wird, und es geschieht in jeder prophetischen Aussage, jeder mystischen Kontemplation und jedem erfolgreichen Gebet – die Dimension des Geistes aktualisiert sich innerhalb der Dimension des Psychischen und unter den Bedingungen des Biologischen.*[186] Auf das Biologische oder Psychologische aber lassen sich Akte geistigen Lebens und Erlebens nicht reduzieren.

Stellen wir noch eine der vielen möglichen Fragen zum Inhalt dieses vierten Teils: Wo wird unter der Einwirkung des göttlichen Geistes *unzweideutiges Leben* zu einem erfahrbaren Ereignis? – Tillichs Antwort lautet: In der *Geistgemeinschaft – . . . sie ist Neues Sein, geschaffen durch den göttlichen Geist . . . eine unzweideutige, wenn auch fragmentarische Schöpfung des göttlichen Geistes*[187]. Mit Bedacht vermeidet Tillich die Bezeichnung «Kirche», und zwar wegen deren *Zweideutigkeit,* wir könnten auch sagen: wegen ihres vorläufigen und uneigentlichen Charakters. Kirche ist *zweideutig,* weil in ihr naturgemäß Essentielles und Existentielles, Endliches, also auch Menschlich-Allzumenschliches miteinander verquickt sind. Dabei gibt es dennoch eindeutige Merkmale der *Geistgemeinschaft.* Der Pfingstgeschichte (Apg. 2) entnimmt Tillich solche Charakteristiken. Es ist die Ekstase derer, die die Pfingsterfahrung machen, es ist ihr Glaube, ihre Liebe als Dienstbereitschaft, ihre Einigkeit im Geist, schließlich Universalität. *Denn das Neue Sein wäre nicht das Neue Sein, wenn die Menschheit als ganze und selbst das Universum nicht an ihm teilhätten. Im Lichte dieser Beschreibung der Universalität in der Pfingstge-*

Tillich im Kreis von katholischen Theologen

schichte müssen wir sagen, daß es ohne Offenheit für alle Individuen, Gruppen und Dinge und ohne den Willen, sie in sich aufzunehmen, keine Geistgemeinschaft gibt.[188]

Dieser Wille, diese Offenheit und was weiter als Kennzeichen echter *Geistgemeinschaft* angesehen werden mag, ist nicht in einer der Kirchen – man achte auf den Plural! – ein für allemal verwirklicht. Sie ist daher auch nicht einzig und allein auf die verfaßte Kirche beschränkt, die ohnehin durch *Profanierung und Dämonisierung* bedroht ist. Tillich verweist daher auf Gruppen und Kleinkreise, auf außerkirchliche Bewegungen aller Art, von der Jugendbewegung bis hin zu künstlerischen, pädagogischen oder therapeutischen Gruppen, in denen *Geistgemeinschaft* zum Ereignis werden kann. Manifest ist sie, wo der Glaube und die Liebe Christi walten; latent ist sie, wo *Geistgemeinschaft* etwa unter dem Mantel des Humanismus konkret wird.

Man könnte abschließend fragen, wodurch sich bei Paul Tillich die Teilhabe an der *Geistgemeinschaft* ausdrückt. Universalität und Offenheit sind sicher wichtige Wesenszüge seiner Religiosität. Denn der Theologe und Philosoph läßt keinen Zweifel darüber aufkommen, daß ihm viel daran liegt, das *protestantische Prinzip* zur Geltung zu bringen: das Prinzip der Öffnung für den göttlichen Geist, das Prinzip des Verzichts auf allen religiösen Fanatismus oder der Rechthaberei. Deshalb zögert der

Protestant Tillich nicht, zu sagen, *daß die Reformation nicht nur ein religiöser Gewinn, sondern auch ein religiöser Verlust war. Obwohl mein System ausgesprochen protestantisch ist . . . erhebt es doch gleichzeitig die Forderung, daß das «protestantische Prinzip» mit der «katholischen Substanz» geeint werden muß.*[189] Man muß sich dabei nur klarmachen, daß der um eine Ökumene des Geistes bemühte Tillich immer die «Freiheit eines Christenmenschen» im Blick behält. Denn jene *katholische Substanz* steht im Zeichen eines freien Christentums; es ist *die konkrete Verkörperung der Gegenwart des göttlichen Geistes* und *dem Kriterium des protestantischen Prinzips zu unterwerfen*[190].

V. *Die Geschichte und das Reich Gottes*

Im fünften und letzten Teil der *Systematischen Theologie* geht es im wesentlichen um die bisher ausgeklammerte geschichtliche Dimension in ihrer Beziehung oder Korrelation zu jener übergeschichtlichen Wirklichkeit, die die Christenheit seit der Verkündigung Jesu das «Reich Gottes» nennt. Eine Geschichtsbetrachtung, die sich tiefenpsychologische Einsichten zunutze macht, gelangt zu dem Resultat, daß das «Reich Gottes» einen allgemeinmenschlichen Archetypus von großer Macht verkörpert, der sich nicht zuletzt in den großen Reichsideen und Revolutionen auslebt.

Paul Tillich sieht Geschichte in vierfacher Weise bestimmt: Sie folgt einer Intention, einem Zweck; der Mensch handelt frei, indem er die gegebene Situation gestaltend überschreitet; angestrebt wird die Schaffung eines *sinnbezogenen Neuen*; schließlich ist die *sinnbezogene Einmaligkeit geschichtlicher Ereignisse* hervorzuheben.[191] Im Blickpunkt steht die Frage nach dem Sinn der Geschichte, nachdem der Mensch als ein existierendes, entfremdetes Wesen der *Zweideutigkeit* des Lebens unterliegt. Da alles Geschehen sowohl objektive wie subjektive Züge trägt, ist eine objektive, sachliche, somit als wissenschaftlich zu bezeichnende Antwort auf die Frage nach dem Sinn ausgeschlossen. In der Natur der Sache liegt es ferner, daß kein Standort der Betrachtung angegeben werden kann, der eine universale Sicht für die Einschätzung oder Deutung geschichtlichen Handelns eröffnet. Tillich macht daher auf eine theologische Zirkelstruktur aufmerksam. Sie besteht darin, daß bereits mit der Fragestellung ein «Zirkel» betreten wird. Oder mit seinen Worten: *Das Sendungsbewußtsein in einer bestimmten geschichtlichen Gruppe und das Geschichtsbild, das in diesem Bewußtsein mitgegeben ist, gehören zusammen. Innerhalb des Zirkels dieses theologischen Systems werden Schlüssel und Antwort im Christentum gefunden. Im christlichen Sendungsbewußtsein wird die Geschichte so gesehen, daß die Fragen, die mit der Zweideutigkeit des Lebens in der geschichtlichen Dimension gegeben sind, in dem Symbol «Reich Gottes»* ihre Antwort finden.[192]

Das Symbol «Reich Gottes» bespricht Tillich – wie bereits erwähnt – im Hinblick auf das Wesen des *unzweideutigen Lebens*. Dort steht es im Zusammenhang mit zwei anderen verwandten Symbolen, nämlich «Gegenwart des göttlichen Geistes» als Antwort auf die Zweideutigkeit des menschlichen Geistes und «Ewiges Leben» als Antwort auf die Zweideutigkeit des Lebens in seiner Universalität. Dem Symbol «Reich Gottes» weist Tillich eine umfassendere Bedeutung zu, als sie den beiden anderen innewohnt. *Das ist in dem Doppelcharakter des Symbols «Reich Gottes» begründet, das einen innergeschichtlichen und einen übergeschichtlichen Aspekt hat. Soweit es innergeschichtlich ist, nimmt es an der Dynamik der Geschichte teil; soweit es übergeschichtlich ist, enthält es die Antwort auf die Fragen, die mit der Zweideutigkeit der geschichtlichen Dynamik gegeben sind. In der ersten Eigenschaft manifestiert es sich in der «Gegenwart des göttlichen Geistes», in der zweiten Eigenschaft ist es identisch mit dem «Ewigen Leben».*[193]

Tillich, der vor allem in seinen späten Arbeiten die Realität der großen östlichen Religionen im Blick behält, macht im gleichen Zusammenhang das spezifisch Christliche des Symbols vom «Reich Gottes» deutlich. Im Gegensatz etwa zur buddhistischen Nirvana-Vorstellung ist der symbolische Stoff dem persönlichen, gesellschaftlichen und politischen Bereich entnommen, die vom Christen durchaus bejaht werden können. *Kein anderes Symbol des Christentums scheint so deutlich auf die Wurzel der Unterschiede zwischen östlicher und westlicher Religion hinzuweisen wie das Symbol «Reich Gottes» . . .*[194]

Läßt sich nun die Zeit als die Form des geschaffenen Endlichen begreifen und Christus als die (qualitative, nicht zeitlich quantitative) Mitte aller Geschichte, dann ist Ewigkeit *das innere Ziel, das «telos» des geschaffenen Endlichen, das das Endliche dauernd zu sich emporzieht*[195]. Es ist bezeichnend für Tillich, daß er dieses Ewige unter einem dynamischen, ereignishaften Aspekt betrachtet. Ewigkeit fließt in die Zeit ein – eine Vorstellung, die uns bei Jakob Böhme begegnet; Ewigkeit nimmt das Zeitliche in sich auf, hüllt es ein, so daß das Zeitliche transparent werden kann für das Überzeitliche. Teilhabe am Ewigen tritt in den Erfahrungshorizont des menschlichen Geistes hinein.

Um nun den eschatologischen-universalen Aspekt hervorzuheben, der sich am Ziel aller Geschichte und an der Vollendung alles Geschöpflichen orientiert, greift Tillich auf Schellings Begriff der «Essentifikation» zurück. Er kann bedeuten, *daß das Neue, das sich in Raum und Zeit verwirklicht hat, zu dem essentiellen Sein etwas hinzufügt, indem es dieses mit dem Positiven verbindet, das in der Existenz geschaffen wird, und so das unbedingt Neue, das «Neue Sein» schafft, nicht fragmentarisch wie in allem zeitlichen Leben, sondern als vollkommenen Beitrag zu dem Reich Gottes in seiner Erfüllung*[196]. Die geschichtlichen Prozesse, in denen es zur Konfrontation mit dem Bösen, zur Auseinandersetzung mit dem drohenden Nicht-Sein kommt, dienen – symbolisch gesagt – gleichsam zu einer *Anreicherung des göttlichen Lebens.*

So gesehen wird ein Weg sichtbar, der – nehmen wir die zuvor besprochenen Seins- und Existenzbereiche mit herein – *von der Essenz über die existentielle Entfremdung zur Essentifikation* reicht. *Es ist der Weg vom bloß Potentiellen über die aktuelle Trennung zur Wiedervereinigung und Erfüllung, die die Trennung von Potentialität und Aktualität transzendiert.*[197]

Bedenkt man, daß das theologische System Tillichs unter demselben

Thema wie die dogmatischen Darstellungen seiner Zeitgenossen – Karl Barth: «Kirchliche Dogmatik», Emil Brunner: «Dogmatik», Paul Althaus: «Die christliche Wahrheit» – steht, so ist die Eigenart, um nicht zu sagen Eigenwilligkeit von Tillichs Entwurf nicht zu übersehen. Denn während die Genannten ihre Gedanken in enger Beziehung zur Bibel, auch zur Dogmengeschichte und kirchlich-reformatorischen Lehrentwicklung entfalten, kommt Tillich mit einem Minimum an unmittelbaren biblischen Belegen aus. Kann denn der systematische Theologe in dem Maße der Erträge des Exegeten entraten, wie es in der *Systematischen Theologie* geschieht, ohne sich als Theologe in Frage zu stellen? – «Das Werk steht unter der Herrschaft jener Fragen, welche nicht die hergebrachten Themen des zünftigen Theologen sind», notiert der Göttinger Systematiker Wolfgang Trillhaas.[198] Doch was sich hier als Defizit darstellt, nämlich die weitgehende Neuformulierung theologischer Antwort auf die existentielle philosophische Fragestellung, das hat Tillich selbst als eine Zeitforderung angesehen. Oder um es mit Ulrich Neuenschwander, dem Schweizer Theologen und Religionsphilosophen, zu sagen: Das Verdienst Tillichs liegt darin, «eben den Versuch unternommen zu haben, unter Wahrung der Konformität der Strukturen eine systematische Theologie gemäß den Ausdrucksmitteln unseres heutigen Wirklichkeitsverständnisses auszuarbeiten. Gerade seine Diskussion des christologischen Problems erhellt diese seine Intention deutlich. Zugleich macht seine Arbeit klar, daß die Struktur selbst nur Richtung und Form angibt, daß aber mit ihrer Erfassung die Arbeit der systematischen Theologie nicht beendet, sondern nur eben richtig begonnen ist.»[199]

Religiöse Reden

Während die *Systematische Theologie* auf eine mehr objektive Zusammenschau des Erkannten hinzielt, muten die *Religiösen Reden* wie Bemühungen um die subjektive Aneignung von Erkenntnis an, die zur Verwirklichung drängt. Beginnend mit dem Jahr 1952 sind die Reden in drei Folgen erschienen, die ursprünglich vor allem an amerikanischen Universitäten oder Colleges vorgetragen wurden. Der Denker verläßt Studierstube, Seminar und Vorlesungsraum und tritt vor Menschen hin, die wie er selbst die Erschütterungen des Zeitalters durchleben, die von der Entfremdung menschlicher Existenz wissen, und die mit ihm nach glaubwürdiger Antwort auf die Grundfragen des Menschseins und Christsein fragen.

«Hier ist kein Jargon, keine Geheimsprache, kein entleertes und aufpoliertes Vokabular», bemerkt Hans Jürgen Schultz, «sondern ruhiges, genaues, ermutigendes, kritisches Denken und Reden eines Mannes, der selber ganz und gar heute existiert und sich dem heutigen Stil nicht erst anzupassen braucht. Hier schließen sich Glauben und Denken nicht aus, sondern es wird glaubend gedacht und denkend geglaubt.»

Die einzelnen Teile signalisieren etwas von dem jeweiligen Inhalt, genauer: vom Gehalt dieser drei Folgen. So lautet Tillichs Zeugnis gemäß der ersten Folge: *In der Tiefe ist Wahrheit*, wobei *Tiefe* jene Dimension meint, die aufs neue zu erringen und der Lebenswirklichkeit einzufügen ist. Der Sprechende, es ist eben kein Prediger im traditionellen Sinne, läßt seine Zuhörer an dem teilhaben, was ihm aufgegangen ist: *Es gibt nichts Überraschenderes als das Aufleben des Neuen in unserer Seele. Wir können es nicht voraussehen, und wir können sein Wachstum nicht beobachten.* Und doch fügt er hinzu: *Das Neue ist . . . uns nicht völlig verborgen, wenn wir von seiner Wirklichkeit ergriffen sind. Das Neue kann vernommen werden. «Vernehmt ihr es nicht?» fragt der Prophet. Vernehmen wir es nicht?*[200] Das klingt wie eine Einladung, jene nach innen gerichtete Aufmerksamkeit zu erproben.

Und so heißt denn auch die andere Folge der Reden *Das Neue Sein.* Dieses Sein wird entfaltet als die Macht der Liebe, als die Gabe der Freiheit, als beglückende Erfüllung. Sie ist nicht auf den menschlichen Bereich beschränkt. Nicht zufällig mündet diese Sammlung ein in die kurze Besinnung über *Die Erlösung des Weltalls.* Das Geschehen von Golgatha wird auf dessen kosmische Dimension hin gedeutet. *Das Weltall ist nicht mehr dem Gesetz des Todes unterworfen, der schon im Augenblick der Geburt beginnt. Es ist einem höheren Gesetz unterworfen, dem Gesetz des Lebens, das hervorgegangen ist aus dem Tode dessen, der das ewige Leben verkörpert.*[201] Und, so kann man fortfahren: Seitdem ist in neuer Weise *Das Ewige im Jetzt* anwesend; dies ist die Überschrift der dritten Folge der *Religiösen Reden.* Hatte der junge Tillich einst aus dem Kriege geschrieben, er sei ebensowenig wie sein Vater ein Seelsorger; er sei vielmehr zum Professor bestimmt, so stellen diese Reden, und nicht nur sie, einen überzeugenden Gegenbeweis dar. Der betont seelsorgerliche Duktus der Ermutigung, der Vergewisserung und der Tröstung spricht sich gerade hier unmittelbar aus: *Wir sind nicht von der immer schaffenden Gegenwart Gottes geschieden, und wir können ihrer allezeit gewahr werden. Unsere Herzen können voller Lob und Dank sein . . .*[202]

Im übrigen ist dem Theologen Adolf Köberle zuzustimmen, der einmal den beherzigenswerten Wink gegeben hat: «Wer Mühe hat, einen Zugang zu der anspruchsvollen theologisch-wissenschaftlichen Leistung von Paul Tillich zu finden, dem sei dringend empfohlen, einen Versuch zu machen mit der Lektüre der vorliegenden Sammlung.» Es ist in der Tat die Unmittelbarkeit der Rede und Anrede, die diese drei schmalen Bände – ergänzt durch das Buch *Auf der Grenze* – zu einer brauchbaren Einführung in das Werk von Paul Tillich werden läßt.

Die «Gesammelten Werke»

Das besondere Schicksal Paul Tillichs war für die Herausgabe seiner Werke von nicht geringer Bedeutung. Wer tiefer in die Zusammenhänge seines Denkens eindringen will, muß daher auch die speziellen editorischen Probleme kennen.

Der Umstand, daß Tillichs Wirken in Deutschland mit seiner Emigration im Jahre 1933 jäh abbrach, schuf ein Vakuum, das heißt: es konnten hier für fast eineinhalb Jahrzehnte keine Bücher von ihm erscheinen. Und nicht nur das, Tillich geriet in Deutschland völlig in Vergessenheit. Das ist nicht schwer zu erklären, wenn man bedenkt, daß etwa die Theologie Karl Barths und seines Kreises seit den zwanziger Jahren lebhaft diskutiert wurde. Tillich war hierbei die Rolle eines Diskussionspartners unter vielen zugewiesen, ohne daß er selbst in einem vergleichbarem Maße «gefragt» gewesen wäre. Für die Barthsche Richtung – um bei diesem Beispiel zu bleiben – bedeuteten die Jahre nach 1933 durchaus kein Ende. Im Gegenteil: in der Zeit des beginnenden Kirchenkampfes sollte sich gerade jene theologische Konzeption bewähren. Die Theologische Erklärung von Barmen (1934) trug Barths Handschrift. Und auch als der Autor der damals im Erscheinen begriffenen vielbändigen «Kirchlichen Dogmatik» in der Schweiz seine endgültige Wirkensstätte gefunden hatte, nahm dessen Einfluß auf die Theologie eher noch zu, und zwar bis in den katholischen Raum hinein. Im Nachkriegsdeutschland, das heißt nach 1945, war Barth stets präsent.

Nicht so Paul Tillich. Nicht nur die Zeitlage sorgte dafür, daß man sein Thema für geraume Zeit aus dem Blick verlor. Selbst und gerade seine Schriften zum religiösen Sozialismus hatten im nationalsozialistischen Deutschland keine Chance. Sie verschwanden aus den öffentlichen Bibliotheken. In Amerika hatte Tillich unter völlig anderen politisch-gesellschaftlichen und theologisch-kirchlichen Verhältnissen einen Weg beschritten, der den Emigranten aus Deutschland zu einem der einflußreichsten protestantischen Theologen in der Neuen Welt machte. Naturgemäß publizierte und lehrte er fortan nur noch in englischer Sprache.

Die Aufgabe, die sich nach der Beendigung des Zweiten Weltkriegs stellte, war demnach eine zweifache: Es galt einerseits, das gänzlich unbekannte englischsprachige Werk Tillichs der deutschen Leserschaft in deutscher Übersetzung vorzustellen. Andererseits waren die hier nicht mehr greifbaren Schriften aus der Zeit vor 1933 zu sammeln, um so das frühe und das späte Werk zugänglich zu machen. Dieser Aufgabe stellte sich das junge, 1947 gegründete Evangelische Verlagswerk in Stuttgart, dessen Leiter Paul Collmer mit Tillich in persönlicher Verbindung gestanden hatte. Nach anfänglichem Zögern stimmte Tillich während seines Europa-Aufenthalts im Jahre 1958 zu, vor allem als Renate Albrecht, eine Tillich-Schülerin, als Herausgeberin der *Gesammelten Werke* gewonnen war und der erst in Münster, dann in Marburg lehrende Theologe Carl Heinz Ratschow sich bereit fand, nach Tillichs Tod als wissenschaftlicher Berater zu fungieren.

So entstand die einzige umfassende deutsche Gesamtedition, deren erster Band im Herbst 1959 vorlag. Sie wird, wie schon dargelegt, ergänzt durch die dreibändige *Systematische Theologie* und einige Predigtbände (*Religiöse Reden*). Die vierzehn Bände der *Gesammelten Werke* werden durch (vorerst) vier weitere Ergänzungs- und Nachlaßbände erweitert.

Das Ausmaß der inzwischen bewältigten herausgeberischen Leistung ermißt man jedoch erst, wenn man bedenkt, daß nicht nur große Teile des Opus aus dem Englischen zu übersetzen waren. Nicht selten war für die *Gesammelten Werke* ein gesonderter, vom Autor zu genehmigender Text

Düren, 1958. Tillich mit seinem Verleger Dr. Paul Collmer und seiner Herausgeberin Renate Albrecht

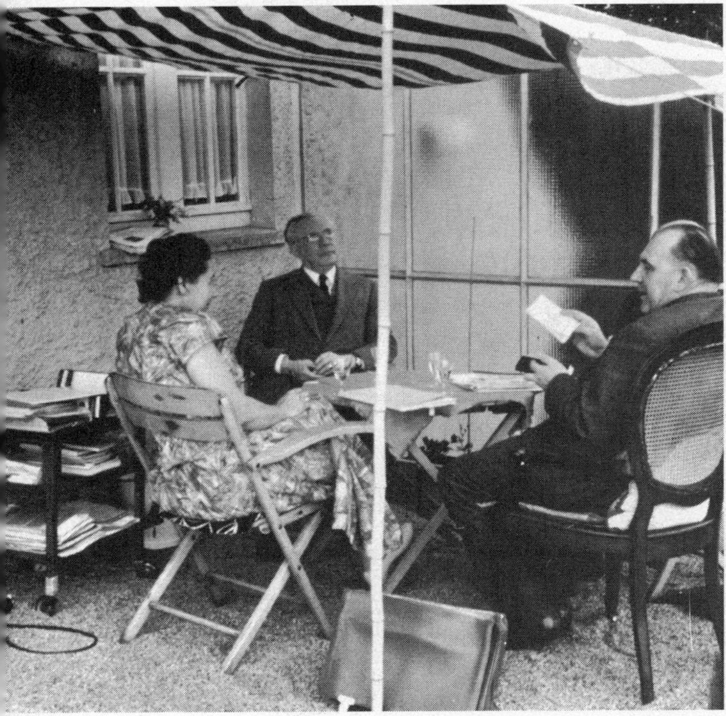

Tillich mit Renate Albrecht in Harvard

herzustellen. Das traf beispielsweise für solche Schriften zu, die vor 1933 deutsch vorlagen, dann ins Englische übertragen worden waren, durch eine Rückübersetzung ins Deutsche entsprechende Nuancen erhielten und die in den *Gesammelten Werken* eine vierte und endgültige Fassung erhalten sollten. Ein Beispiel dafür stellt Tillichs Frankfurter Antrittsrede von 1929 dar, die den Titel *Philosophie und Schicksal* trug und die in mindestens vier verschiedenen Wortlauten vorliegt, wobei an einzelnen Stellen sogar die Substanz der philosophischen Aussage berührt wird. Gottfried Seebaß hat seine Beobachtungen hierüber im Zusammenhang eines synoptischen Textvergleichs aufgezeichnet.[203] Ein Übriges leistet die Rechenschaft, die die Herausgeberin zusammen mit ihren Mitarbeitern im vierzehnten Band ablegt. Demnach hat der Leser von Tillichs Schriften damit zu rechnen, daß die verschiedenen deutschen und fremdsprachigen Ausgaben bisweilen mehr oder weniger stark voneinander abweichen. Neben philologisch-hermeneutischen Problemen war auch die Frage nach der Textanordnung zu klären. So sind einzelne Bücher Tillichs entsprechend ihrer thematischen Zugehörigkeit kapitelweise auf verschiedene Bände der *Gesammelten Werke* verteilt. Das trifft unter anderem für das Buch *Religiöse Verwirklichung* (1930) und für *Der Protestantismus. Prinzip und Wirklichkeit* (1950) zu.

Diese und ähnliche Gesichtspunkte unterstreichen die Notwendigkeit des detaillierten Registerbandes (XIV), der diese Ausgabe abschließt, aber auch erschließen hilft. Er ist für das wissenschaftliche Arbeiten mit dem Gedankengut Tillichs unerläßlich, zumal der Autor seine Konzeptionen von Ausgabe zu Ausgabe immer wieder abzuwandeln beliebte. Carl Heinz Ratschow, der sich bewußt ist, daß Tillichs Denken nicht einfach mit einer Summe zeitlos gültiger Wahrheiten zu verwechseln ist, resümiert: «Die Rolle, die die *Gesammelten Werke* für das Bekanntwerden der Gedanken Paul Tillichs spielen, kann nicht leicht überschätzt werden. Was die Werke freilich nicht leisten können, das ist die lebendige Weiterentwicklung der Denkanstöße Paul Tillichs. Der Umgang mit dem Werk Tillichs, in den vielen seit seinem Tode erschienenen Arbeiten, zeigt, daß solche Weiterentwicklung möglich und auch erforderlich ist.»[204]

Nachdem Elemente seines theologischen Denkens dargelegt und sein literarisches Schaffen vorgestellt ist, werfen wir noch einen Blick auf Tillichs letzte Lebenszeit.

Letzte Lebenszeit

Es ist die Sorge und die Hoffnung geistig-schöpferischer Menschen nach Jahrzehnten einer ebenso intensiven wie extensiven Tätigkeit, den Ertrag ihrer Erkenntnisarbeit in die Scheuern einzubringen. Und so heißt es einmal in einem privaten Brief Paul Tillichs aus den fünfziger Jahren: *Die Zeit der Ernte drängt; hier ist jetzt Ernte.*

In diesem Zusammenhang denkt man in erster Linie an die Sammlung und Publikation der herangereiften Werke, bei gleichzeitiger Einschränkung der Wirksamkeit nach außen. Es gilt, alle Kraft auf das zu richten, was noch zu tun bleibt. Fedor Stepun, der einstige Kollege aus der Dresdner Zeit, empfängt im Sommer 1951 von Tillich einen Brief, in dem es heißt: *Nachdem ich in diesem Jahr 65 Jahre werde, und manche Anzeichen da sind, daß ich nicht mehr in den vierzigern bin, wird das Vorlaufen zum Tode (Heidegger) zu einer immer häufigeren Beschäftigung. Und trotzdem bejahe ich den Augenblick, der mir noch geschenkt ist.*[205] Nun fallen in die Zeit der fünfziger Jahre eine Reihe von Buchveröffentlichungen, zum Beispiel die Aufsatzsammlung *The Protestant Era*, die erste Folge der *Religiösen Reden*; die *Systematische Theologie* Band I liegt seit 1951 in englischer Fassung vor, die weiteren Bände sind zu erarbeiten; die deutsche Ausgabe der *Gesammelten Werke*, von denen berichtet wurde, erweisen sich als eine unumgängliche, jedoch schwierige Aufgabe.

Es darf bei alldem jedoch nicht übersehen werden, daß Tillichs äußere Tätigkeit in ihrer strapaziösen Vielseitigkeit bis in die letzten Lebensjahre hinein fortgeführt wird. *Mit einem ruhigen Alter ist nun vorläufig nichts*, heißt es einmal 1955. Und in der Tat, abgesehen von der ersten Deutschland-Reise 1948, absolviert Tillich zwischen 1951 und 1954 vier weitere große Europa-Reisen. Die Lehrverpflichtungen am Union Theological Seminary kommen erst im Juni 1955 mit der offiziellen Pensionierung zum Abschluß. Wiederholte Vorlesungsreihen und Wochenendfreizeiten rufen ihn nach England. «Aber auch der Kontinent stellte seine Ansprüche an ihn», berichtete Renate Albrecht, «Hochschulwoche in Albach/Tirol, Weltkirchenkonferenz in Genf, Gastvorlesungen in Kopenhagen und Aarhus, Eranos-Tagung in Ascona, Schelling-Gedächtnis-Feier in Stuttgart, Kongreß des ‹Bundes für Freies Christentum› in Frankfurt . . .» Noch bevor der beinahe achtundsechzigjährige Professor pensioniert wird, hat er im Mai 1954 seinen deutschen Freunden *überaus Wichtiges* zu berichten: *Ich bin vom Herbst 1955 an als «University Professor» an die Harvard-Universität berufen worden. Der Ruf muß, da es sich um eine Nach-Pensionierungs-Position handelt, von Jahr zu Jahr erneuert werden.*

Das kann bis zu meinem 75. Lebensjahr geschehen. «University Professor» in Harvard ist in jeder Beziehung das Höchste, was in den USA akademisch möglich ist. Man ist keiner Fakultät unterstellt, sondern frei, in jeder Fakultät zu lesen – oder nicht zu lesen . . .[206]

Abgesehen von der hohen Ehrung, die mit der Ernennung zum Harvard-Professor verbunden ist, bedeutet sie für Tillich auch die Erfüllung eines persönlichen Wunsches. Denn das Schaffen des Philosophen und Kulturtheologen war von Anfang an darauf ausgerichtet, die Grenzen der Disziplinen zu überschreiten und im Zeichen eines weitausgreifenden Spannungsbogens die Vieldimensionalität der einen Wirklichkeit zu erfassen und bei seinen Schülern bewußt zu machen. So sind es gerade nichttheologische Studenten und Hörer, die an dem geistigen Brückenschlag regen Anteil nehmen, für den Tillich in Vorlesungen, in vielen öffentlichen Vorträgen und ungezählten privaten Unterredungen eintritt. Die ihn als Lehrer erlebt haben, sprechen von beidem, von der Faszination, mit der er die Grundfragen menschlicher Existenz durchschaubar machte, aber auch von den Schwierigkeiten, den seine ontologische und zugleich universalistische Betrachtungsweise den positivistisch oder pragmatisch Denkenden bereitete. So berichtet Walter Leibrecht: «Nicht das Erscheinen der *Systematic Theology* war das wichtigste Resultat des Wirkens Paul Tillichs während seiner Jahre an der Universität in Harvard, sondern der Eindruck seiner Vorträge und Vorlesungen auf die amerikanische Jugend . . . Was Terminologie und Diktion betraf, machte es Tillich seinen jungen Hörern nicht leicht. Der Ontologe war dem jungen Amerikaner, der zum Empiriker und Pragmatiker erzogen, immer Nominalist ist, fremd. Tillich, dessen Seinsanalyse auf der Annahme einer letzten Identität von Sein und Denken als Prinzip der Wahrheit basiert, entsprach in keiner Weise den Vorstellungen des amerikanischen Pluralismus.»[207] Von daher ist auch manche Distanzierung oder Ablehnung zu verstehen, die nicht verschwiegen werden soll.

Inhaltlich spielen Vorträge zu Themen der Kulturkritik in diesen Jahren eine wichtige Rolle. Neben grundsätzlichen Erörterungen wie denen über das Verhältnis von Naturwissenschaft und Religion fehlt es nicht an aktuellen Diskussionsstoffen. Der umfangreiche dreizehnte Band der *Gesammelten Werke* enthält neben Texten des Hochschullehrers auch solche des Zeitkritikers Paul Tillich, etwa zum Problem der Atombombe, zur Mondlandung oder Geburtenregelung, zur Erhaltung des Friedens und zur Situation des Menschen. Einem Rundbrief vom April 1957 ist zu entnehmen, wie Tillich, der inzwischen Einundsiebzigjährige, seine Tätigkeit einschätzt: *Die Arbeit in Harvard ist weiter sehr befriedigend, sowohl in der Theologischen Fakultät wie in der Gesamtuniversität. Im Herbstsemester gab ich einen Kurs über klassische Philosophie. Im Frühlingssemester lese ich über Geschichtsphilosophie vor einer sehr großen Hörerschaft. All das ist (mit zahlreichen Extravorlesungen und Sitzungen) auf die Tage Dienstag, Mittwoch, Donnerstag zusammengedrängt. Die übrigen vier Tage sind fast jede Woche durch auswärtige Verpflichtungen in Anspruch genommen, Vorlesungen, Predigten, Konferenzen, meistens innerhalb des Dreiecks Boston, Chicago, Washington, manchmal auch darüber hinaus.* Hier möchte man fragen: Sieht so die *Zeit der Ernte* aus?

Die Tillich-Büste im Paul-Tillich-Park in New Harmony

Welche Arbeitslast mutet sich Tillich gerade in jenen Jahren des hohen Alters zu, die der Introversion, der Wendung nach innen, gewidmet sein sollten! Seine Antwort lautet: *Es ist sehr schwer, wenigstens für mich, gegenüber starkem Drängen Nein zu sagen. So ist das Leben während der Semestermonate bis zur letzten Stunde gefüllt, und persönliche Briefe sind praktisch unmöglich. Aber auch Lesen wichtiger und schöner Bücher ist fast ausgeschlossen, ein Zustand, der auf die Dauer nicht haltbar ist . . .*[208] Und doch besteht kein Zweifel: gerade diese stark extravertierte Lebens- und Arbeitshaltung entspricht offenbar Tillichs Naturell. So ist es kein Geheimnis, daß der Vielbeschäftigte beispielsweise die Zusammenstellung, Sichtung, Übersetzung und Edition der deutschen Ausgabe seiner Werke ohne den Einsatz zahlreicher Schüler und Mitarbeiter nicht bewältigt hätte.

So wird die Harvard-Professur sechsmal verlängert, bis Tillich 1961 das 75. Lebensjahr erreicht hat und die Statuten eine weitere Erneuerung unmöglich machen. Da kommt ein Angebot der Universität Chicago, für drei Jahre einen Lehrstuhl innerhalb der Theologischen Fakultät zu übernehmen. Tillich kann nicht widerstehen. Er entwirft in dieser Zeit unter anderem die Vorlesungen *Aspekte des Protestantismus im 19. und 20. Jahrhundert* (*History of the Protestant Theology in the 19th and 20th Century*).[209] Es sind Texte, die sicher nicht im strengen Sinn des Wortes als wissenschaftliche Ergebnisse anzusehen sind, in denen aber Tillich zeigt, welche Bedeutung er selbst Gestalten und Strömungen der neueren Theologiegeschichte beimißt. Insofern können sie zur Deutung seiner eigenen Gedanken herangezogen werden.

Es wurde schon gesagt, daß die Reisen ein wesentlicher Bestandteil von Tillichs letzter Lebenszeit waren. Zwei dieser Reisen sind besonders zu erwähnen: eine Vortragsreise im Sommer 1960 nach Japan und drei Jahre später eine andere nach Israel und Ägypten.

Die erste, die er in Begleitung seiner Frau Hannah unternimmt, ist nicht etwa deshalb so wichtig, weil Tillich darüber einen ausführlichen Bericht verfaßt hat, sondern weil er in Japan Eindrücke empfing, die in seinem Denken einen unmittelbaren Niederschlag gefunden haben. Während des etwa neunwöchigen Aufenthalts nutzt er die Gelegenheit, von Tokio und Kyoto aus wichtige Stätten des japanischen Religions- und Geisteslebens kennenzulernen. *Ich hatte ständigen Kontakt mit christlichen und buddhistischen Gruppen der verschiedensten Art,* heißt es in der Schilderung. Er besucht Tempel, heilige Schreine des Shintoismus und christliche Kirchen. Wichtig werden zahlreiche Begegnungen, so mit dem befreundeten Yoshinori Takeudi, Professor an der Universität Tokio, mit dem Religionsphilosophen Keiji Nishitani[210] und mit dem von New York und von Eranos-Tagungen her bekannten Repräsentanten des Zen-Buddhismus im Westen Daisetz T. Suzuki. Tillich gesteht: *Lange Zeit war ich im Zweifel, ob meine Japanreise für mich zu rechtfertigen sei, vor allem mit Rücksicht auf mein Alter und die schweren Verpflichtungen der anderen Arbeit. Aber der Zweifel schwand, als ich in Japan war . . . Eines weiß ich: Ich werde von jetzt an jeden westlichen Provinzialismus in meinem Denken und Arbeiten bekämpfen . . .*[211]

Paul Tillich hat Wort gehalten. Denn *Das Christentum und die Begegnung der Weltreligionen* wird nicht nur das Thema einer vierteiligen Vorlesung, die Tillich im Herbst 1961 an der Columbia University in New York hält. Dieses Thema beschäftigt ihn fortan. Noch stärker als bisher ist er bestrebt, die konfessionalistische Selbstverschließung der Kirchen überwinden zu helfen und Voraussetzungen für einen Dialog zu schaffen, statt auf eine herkömmlich-problematische Art zu «missionieren». Vom Christentum erwartet er, daß es sich, seinem universalistischen Prinzip gemäß, weder gegen die anderen Religionen noch gegen die säkularen Bewegungen verschließt, sondern ihnen gegenüber offen bleibt und auf ihre Kritik hört. Doch welcher Weg ist zu beschreiten? – Tillich, der vor einer Verschmelzung der Religionen warnt, andererseits auch die Vorherrschaft einer Religion vor anderen ablehnt, antwortet: *Der Weg zu diesem Ziel ist nicht die Preisgabe der eigenen religiösen Tradition um einer universalen Idee willen, die nichts als eine Abstraktion wäre. Der Weg führt vielmehr in die Tiefe der eigenen Religion in Anbetung, Denken und Tun. In der Tiefe jeder lebenden Religion gibt es einen Punkt, an dem die Religion als solche ihre Wichtigkeit verliert und das, worauf sie hinweist, durch ihre Partikularität hindurchbricht, geistige Freiheit schafft und mit ihr eine Vision des Göttlichen, das in allen Formen des Lebens und der Kultur gegenwärtig ist.*[212] Von zeichenhafter Bedeutung ist es wohl, daß Tillichs letzter, nur elf Tage vor seinem Tod gehaltener Vortrag in denselben Themenkreis hineingehört: *Die Bedeutung der Religionsgeschichte für den systematischen Theologen.*

Schließlich ist es dem nunmehr Siebenundsiebzigjährigen vergönnt, Israel, das Land der Propheten, der Apostel, die Heimat Jesu zu besuchen. Der systematische Theologe zieht Bilanz, indem er sich die Frage vorlegt, ob die persönliche Anschauung von den Stätten, wo Jesus gelehrt, gewirkt und gelitten hat, sein Denken irgendwie nachhaltig beeinflusse. Die Antwort ist eine zweifache: *Was sich geändert hat, ist die bildhafte Vorstellung, die sich mir mit den biblischen Geschichten seit der Zeit verband, als ich sie zum erstenmal gehört hatte. Nun ist Nazareth zum Beispiel nicht mehr die kleine ostdeutsche Stadt, wo ich meine Kindheit verbrachte, sondern ein arabisches Dorf auf den Abhängen der Berge von Galiläa, das von der Ebene gegen Süden hin sichtbar wird.* Das ist das eine. Doch auf die eigentliche, die theologische Frage, antwortet Tillich mit einem lapidaren *Nein.* Seine Christusanschauung, sein Glaube, seine Theologie wurde durch die Israel-Reise nur in der Überzeugung bestärkt, *daß die «Ent-Literarisierung» der legendären und mythologischen Elemente der Evangelienberichte eine Notwendigkeit ist. Wenn man die zerstörte Synagoge von Kapernaum sieht und dort am Ufer des Sees sitzt, dann gewinnt man eine sehr lebendige Vorstellung von dem, was sich damals ereignet hat. Aber das schließt nicht aus, daß das Ereignis selbst, das die Mitte und die Sinnerfüllung der Geschichte ist, interpretiert werden muß. Wenn ich in Zukunft von dem «Menschen Jesus» reden werde, «der mit seinen Jüngern auf den staubigen Wegen Israels wandelte», dann werde ich zwar deutlich vor mir sehen, was das bedeutet. Aber ich kann aus diesem anschaulichen Wissen nicht ableiten, wie ich über ihn zu denken habe. Die Antwort auf diese Frage hängt davon ab, wie wir das Sein Jesu auf Grund des Bildes verstehen, das uns im Neuen Testament gegeben ist. Kein historisches Wissen kann uns in dieser Hinsicht die eigene Entscheidung abnehmen.*[213]

Wenn aus der großen Fülle der Themen aus den letzten Jahren hier auch nur weniges knapp referiert werden kann, ist doch noch eine Anmerkung wichtig: Bisweilen stößt man auf die Annahme, Tillich habe frühe Denkansätze aufgegeben und sich während seiner amerikanischen Jahre an die bestehenden Verhältnisse angeglichen. Tillichs kulturkritische Äußerungen sprechen indes eine andere Sprache. Die Hochschätzung des amerikanischen Menschen, die Liebe zum Land hindern ihn nicht, mit dem pervertierten Leistungs- und Profitdenken hart ins Gericht zu gehen und unablässig die Frage nach dem Sinn zu stellen, das heißt die Frage nach dem, *was uns unbedingt angeht.* Tillich ist auch nicht einfach vom religiösen Sozialisten zum Theologen der Kultur geworden, was einer Preisgabe der Ideale seiner frühen Jahre entspräche. Selbst noch auf seiner Japan-Reise sind *Die Grundgedanken des Religiösen Sozialismus* Gegenstand von Vorträgen und Gesprächen. Er versucht, den japanischen Menschen in seiner besonderen Situation mit der existentiellen Bedeutung des «Kairos» vertraut zu machen. – Oder um ein anderes Beispiel zu nennen: Tillich versäumt es auch nicht, in seinen Chicagoer Vorlesungen zur Theologiegeschichte des 19. und 20. Jahrhunderts einen Abschnitt über eben diesen religiösen Sozialismus einzufügen.

So ist im Laufe der an Wandlungen und Umbrüchen reichen Jahrzehnte ein Werk entstanden, das noch in der Spätphase frühe Ideen und Entwürfe zu integrieren vermochte. Ein geschlossenes System ist freilich nicht zu erwarten gewesen. Im Gegenteil: wer von dem «Unbedingten», von der «Gegenwart des göttlichen Geistes», von der vertikalen Dimension des «Reiches Gottes» Zeugnis abzulegen hat, für den besteht Offenheit. Tillich nennt es in einer seiner letzten, nämlich in der in seinem Todesjahr in San Francisco gehaltenen religiösen Rede *Das Recht auf Hoffnung.* Den Wortlaut widmet er dem Philosophen der Hoffnung, dem seit Jahrzehnten mit ihm befreundeten Ernst Bloch: *Und in der Tat: Hoffnung gehört zu den ursprünglichen Kräften des menschlichen Seins und sie begleitet ihn als treibende Kraft in seinem ganzen Dasein . . . Wir hoffen nicht für die allein, die unsre Hoffnung teilen, sondern auch für die, die keine Hoffnung hatten und haben, für die, deren Hoffnungen in diesem Leben unerfüllt geblieben sind . . .*[214]

Läßt sich ein Ende absehen, wo solche Hoffnung lebt, die die Endlichkeit besiegt? – Dem existierenden Menschen, von dem Tillich gesagt hat, daß er in der «Entfremdung» lebe, sind Grenzen gesetzt. Als er am 7. Oktober 1965 von Chicago aus seinen, wie sich zeigen sollte, letzten Rundbrief an die Freunde in Deutschland schickt, ist wohl von gelegentlichen Herzattacken die Rede, auch vom entschiedenen Rat des Arztes, diesen Winter nicht nach Europa zu reisen. Doch kein Wort von einer bevorstehenden Gefahr. Er könne seine gewohnte Arbeit an der Universität und zu Hause in seinem schönen Heim in East Hampton tun. Im übrigen bleibe es bei den Vorhaben für das Jahr 1966. Da wolle er, der dann Achtzigjährige, nochmals eine neue Professur antreten, nämlich an der New School for Social Research in New York. «Es scheint, er wollte nie aufhören zu lehren», bemerkt Dolf Sternberger, einer der Empfänger des Briefes. *Euer alter Paulus* war er unterschrieben und noch einmal mit der Hand *Paulus* in einer hohen und steilen, merkwürdig ungelenken, fast kindlich sorgsamen Schrift . . . *Wird man sich wiedersehen?* Und doch sogleich wieder Pläne, was er in New York für eine Vorlesung zu halten gedenke: *Die religiöse Dimension der politischen Ideen . . .*[215] Übrigens eine Vorlesungsidee von 1919! – Dazu kommt es nicht mehr. Zwar ist es Tillich noch vergönnt, den erwähnten, vielbeachteten Vortrag über die Bedeutung der Religionen zu halten, in ungebrochener körperlicher Frische. Doch in der darauffolgenden Nacht wird er von einem Herzinfarkt überrascht. Wenige Tage später ist Paul Tillich tot. Er ist am 22. Oktober 1965 in der Universitätsklinik in Chicago gestorben. Seine letzte Ruhestätte fand er nicht, wie ursprünglich vorgesehen, in East Hampton/Long Island, sondern weitab in New Harmony, im Süden Indianas. Es ist ein Ort, in dem frühe Pioniere eines christlich-utopischen Sozialismus ihre

Zeichen der Hoffnung aufgerichtet haben. Der Württemberger Georg Rapp und nach ihm der Engländer Robert Owen erprobten hier zu Beginn des 19. Jahrhunderts genossenschaftliche Lebens- und Produktionsformen. Ein Besuch Tillichs im Jahre 1963 vertiefte seine persönliche Verbindung mit dem traditionsreichen Ort. Freunde, vor allem die Restauratorin von New Harmony, Jane Owen, errichteten den «Paul Tillich Park», eine Gartenlandschaft von erlesener Schönheit.[216] Eine Reihe von Steinsetzungen, die Worte aus dem Tillichschen Werk tragen, rufen zur Besinnung auf, für das Eine, das not tut. Denn – so heißt es einmal:

Mensch und Natur gehören zusammen,
in ihrer geschaffenen Herrlichkeit –
in ihrer Tragödie und in ihrer Erlösung.

Und Tillich, der sich einmal einen *quasi-heidnischen Verehrer von Bäumen* nannte, machte selbst Vorschläge, welche Baumgruppen angepflanzt werden sollten. Unweit der Stelle, wo er 1963 vom Neuen Sein gesprochen hatte, übergab man Paul Tillichs Asche der Erde von New Harmony. Es war am Pfingsttag 1966, bei Sonnenaufgang.

Heute ragt dort zwischen Tannenbäumen ein rötlich schimmender Granitstein auf. Er trägt die Inschrift:

Paul Johannes Tillich
1886–1965

und darunter in englischer Sprache Worte aus dem ersten Psalm:

Er ist wie ein Baum,
gepflanzt an den Wasserbächen,
der seine Frucht bringt
zu seiner Zeit,
und seine Blätter verwelken nicht,
und was er macht,
das gerät wohl.

Anmerkungen

Die Quellenangabe GW bedeutet die deutsche Ausgabe der *Gesammelten Werke* von Paul Tillich (Stuttgart 1959f), ST bedeutet *Systematische Theologie* (Stuttgart 1956f), wobei die römische Ziffer jeweils den Band, die arabische Ziffer nach dem Komma die Seite bezeichnet.

1 Heinz Zahrnt in: «Die Welt» (Hamburg), 31. Dezember 1965
2 Heinz Zahrnt: «Die Sache mit Gott. Die protestantische Theologie im 20. Jahrhundert». München 1966. S. 381
3 GW III, 70
4 GW X, 221
5 *Auf der Grenze.* Aus dem Lebenswerk Paul Tillichs. Stuttgart 1962. S. 13; vgl. GW XII
6 *Meine Suche nach dem Absoluten.* Wuppertal-Barmen 1969. S. 13; vgl. GW XII, 58
7 *Auf der Grenze*, S. 15
8 Ebd., S. 17
9 GW XII, 59
10 GW XII, 60
11 GW XII, 61
12 *Auf der Grenze*, S. 61
13 GW XII, 62
14 *Auf der Grenze*, S. 35
15 GW XII, 63
16 Rollo May: «Paulus. Reminiscences of a Friendship». New York 1973
17 Zit. n. May, a. a. O., S. 41
18 Alfred Fritz in: GW XIII, 541
19 Hermann Schafft in: «Wingolf Blätter» 1956, S. 163
20 Zit. n. Wilhelm und Marion Pauck: «Paul Tillich. His Life and Thought». New York 1976. Bd. I, S. 294
21 GW XIII, 23f
22 *Auf der Grenze*, S. 36
23 Ebd.
24 GW XIII, 25
25 GW XIII, 24
26 *Auf der Grenze*, S. 37
27 GW XIII, 26
28 GW XIII, 25
29 GW XIII, 20

30 *Auf der Grenze*, S. 24
31 GW XIII, 38
32 Maria Rhine in: GW XIII, 20
33 GW XII, 67
34 Brief an Maria Rhine vom 15. Oktober 1916, in: GW XIII, 70
35 *Auf der Grenze*, S. 39
36 Zit. bei Zahrnt, «Die Sache mit Gott», a. a. O., S. 384 (Renate Albrecht bezweifelt jedoch die Echtheit dieses Zitats!)
37 *Auf der Grenze*, S. 58
38 GW III, 183
39 Karl Kupisch: «Die deutschen Landeskirchen im 19. und 20. Jahrhundert». In: «Die Kirche in ihrer Geschichte». Göttingen 1966. S. 100f
40 GW XII, 67
41 GW XII, 68
42 GW II, 324f
43 GW II, 19
44 GW II, 16
45 GW II, 29, 33
46 Zit. bei Wilhelm und Marion Pauck, a. a. O., S. 298
47 Adolf Müller in: GW XIII, 546
48 Margot Hahl in: GW XIII, 548
49 Hannah Tillich: «From Time to Time». New York 1974. S. 23
50 Adolf Müller in: GW XIII, 547
51 GW XII, 68f
52 GW IX, 29
53 Karl Barth: «Theologische Existenz heute». München 1933. S. 3
54 *Auf der Grenze*, S. 57
55 Ebd., S. 26
56 Aus der Situation der religiösen Sozialisten berichtet Günther Dehn: «Die alte Zeit, die vorigen Jahre. Lebenserinnerungen». München 1962
57 August Rathmann in: GW XIII, 565
58 GW XIII, 155
59 GW XIII, 157
60 GW XIII, 159
61 GW XIII, 159f
62 Kupisch, a. a. O., S. 103
63 GW XIII, 161–166
64 GW II, 94
65 *Auf der Grenze*, S. 56
66 GW II, 127f
67 GW II, 190
68 Ebd.
69 *Auf der Grenze*, S. 45
70 GW II, 11
71 Ergänzungs- und Nachlaßband II, 196
72 Vgl. Renate Riemeck: «Mitteleuropa. Bilanz eines Jahrhunderts». Freiburg i. B. 1965; Günter Brakelmann: «Der deutsche Protestantismus im Epochenjahr 1917». Witten 1974
73 GW XII, 179

74 Ergänzungs- und Nachlaßband II, 80
75 «Anfänge der Dialektischen Theologie». Hg. von Jürgen Moltmann. München 1966. Bd. I, S. 77; vgl. Gerhard Wehr: «Karl Barth». Gütersloh 1979
76 GW IX, 18
77 Friedrich Rittelmeyer: «Meine Lebensbegegnung mit Rudolf Steiner». Stuttgart 1928; Gerhard Wehr: «Rudolf Steiner als christlicher Esoteriker». Freiburg i. B. 1978
78 Dehn, a. a. O., S. 212
79 *Auf der Grenze*, S. 52
80 Karl Bernhard Ritter in: «Quatember. Evangelische Jahresbriefe» 1955/56, H. 4, S. 219
81 GW VII, 113
82 GW XII, 69
83 Hannah Tillich, a. a. O., S. 116
84 Harald Poelchau in: GW XIII, 556
85 GW XII, 69
86 Ebd.
87 Renate Albrecht in: GW XIII, 558
88 Leonie Dotzler-Möllering in: GW XIII, 560f
89 GW XIII, 134
90 In GW VIII
91 In GW X
92 Fritz Medicus in: GW XIII, 564
93 GW XII, 69f
94 GW IV, 23
95 GW IV, 30; Gerhard Wehr: «Fr. Chr. Oetinger». Freiburg i. B. 1978
96 GW IV, 35
97 Theodor W. Adorno in: «Werk und Wirken Paul Tillichs. Ein Gedenkbuch». Stuttgart 1967. S. 24f
98 GW XII, 323
99 GW XIII, 90
100 GW XIII, 177f
101 In GW II
102 Max Horkheimer in: «Werk und Wirken Paul Tillichs», a. a. O., S. 16f
103 Adorno, a. a. O., S. 31
104 Wilhelm und Marion Pauck, a. a. O., S. 143
105 Ved Mehta: «Theologie zwischen Tür und Angel». Zürich 1968. S. 61
106 GW XII, 72f
107 Werner Rode in: GW XIII, 575
108 *Auf der Grenze*, S. 65
109 GW XIII, 185f
110 GW XIII, 572
111 GW XIII, 223f
112 Wilhelm Stählin in: GW XIII, 555
113 GW XII, 74
114 GW XII, 114
115 Dean Peerman (Hg.): «Theologie im Umbruch. Der Beitrag Amerikas zur gegenwärtigen Theologie». München 1968. S. 20
116 Klaus Schröter: «Thomas Mann in Selbstzeugnissen und Bilddokumenten»

Reinbek 1964 (= rowohlts monographien. 93). S. 113
117 GW XIII, 254
118 GW XIII, 260
119 GW XIII, 277
120 GW XIII, 322
121 Karin Schäfer-Kretzler in: Ergänzungs- und Nachlaßband III, 17
122 GW XIII, 280
123 GW XIII, 363
124 GW XIII, 370
125 GW XIII, 391
126 GW XIII, 419–428
127 *Auf der Grenze*, S. 13
128 Ebd.
129 Gotthold Müller in seinem Vorwort zu: *Auf der Grenze*, S. 8
130 GW VII, 73
131 GW VII, 75
132 *Auf der Grenze*, S. 64
133 GW XIII, 420
134 GW XIII, 428
135 ST III, 13f
136 ST III, 177
137 ST I, 9
138 ST I, 12
139 ST I, 52
140 ST I, 57
141 ST I, 73
142 ST I, 15
143 ST I, 75
144 ST I, 76
145 Helmut Barz: «Selbst-Erfahrung. Tiefenpsychologie und christlicher Glaube». Stuttgart 1973. S. 151–161; Gerhard Wehr: «Wege zu religiöser Erfahrung». Olten–Freiburg i. B. 1974; Gerhard Wehr: «C. G. Jung und das Christentum». Olten–Freiburg i. B. 1975
146 ST I, 78f
147 Vgl. Ergänzungs- und Nachlaßband IV: Korrelationen
148 ST I, 76
149 ST I, 81
150 ST I, 83
151 ST I, 87
152 ST I, 88
153 ST I, 98
154 ST I, 99
155 ST I, 101
156 ST I, 114
157 ST I, 132
158 ST I, 134
159 ST I, 135
160 GW V, 142f
161 ST I, 247

162 Ebd.
163 ST I, 248
164 ST I, 157
165 Ebd.
166 ST I, 277
167 Wehr, «C. G. Jung und das Christentum», a. a. O., S. 113f
168 ST I, 277
169 GW V, 238f
170 ST I, 278
171 ST II, 45
172 ST II, 33f
173 ST II, 93
174 ST II, 100
175 ST II, 102
176 *Das Neue Sein. Religiöse Reden 2. Folge*, 27, 31f
177 ST II, 108
178 Albert Schweitzer: «Geschichte der Leben-Jesu-Forschung». München–Hamburg 1966
179 ST II, 119
180 ST II, 136
181 ST III, 130
182 ST III, 131
183 ST III, 134
184 ST III, 135
185 Gerhard Wehr: «Esoterisches Christentum. Aspekte, Impulse, Konsequenzen». Stuttgart 1975; Gerhard Wehr: «Veränderung beginnt innen». Stuttgart 1977
186 ST III, 142
187 ST III, 177
188 ST III, 179
189 ST III, 16
190 ST III, 281
191 ST III, 346f
192 ST III, 399
193 ST III, 407
194 ST III, 408
195 ST III, 452
196 ST III, 453
197 ST III, 475
198 Wolfgang Trillhaas: «Perspektiven und Gestalten des neuzeitlichen Christentums». Göttingen 1975. S. 201
199 Ulrich Neuenschwander: «Vom Gebrauch neuer Begriffe in der Theologie». In: «Der Spannungsbogen». Hg. von K. Hennig. Stuttgart 1961. S. 83
200 *In der Tiefe ist Wahrheit. Religiöse Reden 1. Folge*, 169, 173
201 *Das Neue Sein. Religiöse Reden 2. Folge*, 162
202 *Das Ewige im Jetzt. Religiöse Reden 3. Folge*, 174
203 GW XIV, 78–131
204 Carl Heinz Ratschow in: GW XIV, 11
205 Zit. n. W. Pauck, a. a. O., 322

206 GW XIII, 383
207 Walter Leibrecht in: GW XIII, 576
208 GW XIII, 384
209 Ergänzungs- und Nachlaßband II
210 Über K. Nishitani neuerdings: Hans Waldenfels, «Absolutes Nichts. Zur Grundlegung des Dialogs zwischen Buddhismus und Christentum». Freiburg i. B. 1977
211 GW XIII, 516
212 GW V, 98
213 GW XIII, 522
214 «Ernst Bloch zu ehren. Beiträge zu seinem Werk». Hg. von Siegfried Unseld. Frankfurt a. M. 1965. S. 265, 276
215 «In memoriam Paul Tillich 1886–1965». Stuttgart 1965. S. 10
216 Rüdiger Reitz: «Paul Tillich und New Harmony». Stuttgart 1970

Zeittafel

1886	Am 20. August wird Paul Tillich als Sohn des evangelisch-lutherischen Pfarrers Johannes Oskar Tillich und seiner Ehefrau Wilhelmina Mathilde, geborene Dürselen in Starzeddel bei Guben geboren.
1891	Versetzung des Vaters und Übersiedlung der Familie nach Schönfließ in der Neumark.
1898	Besuch des Gymnasiums in Königsberg in der Neumark, bis zur Untersekunda.
1901	Infolge Beförderung des Vaters zum königlichen Konsistorialrat in Berlin: Besuch des Königlichen Friedrich-Wilhelms-Gymnasiums in Berlin.
1904	Abitur; Beginn des Theologiestudiums in Berlin (Wintersemester); Begegnung mit Hermann Schafft; Beginn privater Schelling-Studien.
1905	Im Frühjahr Fortsetzung der Studien in Tübingen (Sommersemester); im Herbst zum Wintersemester in Halle; Begegnung mit Fritz Medicus.
1905–1907	Insgesamt vier Semester Theologie und Philosophie in Halle.
1907	Im Oktober Beginn des Wintersemesters in Berlin zur Vorbereitung aufs erste theologische Examen und die Doktor-Dissertation.
1909	Frühjahr: Erstes theologisches Examen vor dem Konsistorium der Provinz Brandenburg.
1910	22. August: Doktor der Philosophie an der Universität Breslau, mit einer Dissertation über *Die religionsgeschichtliche Konstruktion in Schellings positiver Philosophie, ihre Voraussetzungen und Prinzipien.*
1911–1912	1. April–31. März: Als Lehrvikar in Nauen.
1911	16. Dezember: Prüfung zum Lizentiaten der Theologie in Halle; Thema: *Mystik und Schuldbewußtsein in Schellings philosophischer Entwicklung.*
1912	27. Juli: Zweites theologisches Examen. – 18. August: Ordination zum evangelischen Pfarrer in der evangelischen St. Matthäuskirche Berlin.
1912–1914	Tätigkeit als Hilfsprediger in Berlin-Moabit; gleichzeitig kirchlich-apologetische Tätigkeit.
1914	28. September: Erste Ehe mit Margarete Wever. – 1. Oktober: Als Kriegsfreiwilliger wird Tillich Feldprediger an der Westfront.
1918	10. Juni: Ausgezeichnet mit dem Eisernen Kreuz I. Klasse. – Au-

	gust–Dezember: Nach der Rückkehr von der Front als Garnisonspfarrer in Berlin.
1919–1924	Als Privatdozent für Theologie an der Universität Berlin.
1919	*Über die Idee einer Theologie der Kultur – Der Sozialismus als Kirchenfrage.*
1921	22. Februar: Scheidung der Ehe mit Margarete Wever.
1922	*Masse und Geist,* Studien zur Philosophie der Masse.
1923	*Das System der Wissenschaften nach Gegenständen und Methoden.*
1924	22. März: Eheschließung mit Hannah Werner.
1924–1925	Außerordentlicher Professor für Systematische Theologie an der Universität Marburg.
1925	*Religionsphilosophie.*
1925–1929	Ordentlicher Professor für Religionswissenschaft an der Technischen Hochschule Dresden.
1926	*Die religiöse Lage der Gegenwart.*
1927–1929	Gleichzeitig Professor für Systematische Theologie an der Universität Leipzig.
1927	*Die Idee der Offenbarung* (Antrittsvorlesung in Leipzig).
1928	*Das religiöse Symbol.*
1929–1933	Professor für Philosophie und Soziologie an der Universität Frankfurt a. M.
1929	*Philosophie und Schicksal* (Antrittsvorlesung in Frankfurt).
1930	*Religiöse Verwirklichung.*
1931	*Protestantisches Prinzip und proletarische Situation.*
1933	*Die sozialistische Entscheidung* (eingestampft!). – 13. April: Vorläufiger Entzug der Lehrerlaubnis durch die nationalsozialistische Regierung. – 3. April: Emigration; Ankunft in New York. – 20. Dezember: Endgültige Amtsenthebung.
1933–1934	Als Visiting Lecturer of Philosophy an der Columbia University in New York.
1933–1937	Als Visiting Professor of Philosophy of Religion and Systematic Theology am Union Theological Seminary in New York.
1936	*The Interpretation of History. – Auf der Grenze.* – April–September: Europa-Reise mit Besuchen in England, Holland, Frankreich und Schweiz.
1937–1940	Associate Professor of Philosophical Theology am Union Theological Seminar in New York.
1940–1955	Professor of Philosophical Theology am Union Theological Seminary in New York.
1940	4. März: US-Staatsbürgerschaft.
1942–1944	Radioansprachen an das deutsche Volk in «Voice of America».
1948	Europa-Reise und Deutschland-Besuch. – *The Shaking of the Foundations* (deutsch 1952: *In der Tiefe ist Wahrheit*), *Religiöse Reden* 1. Teil. – *The Protestant Era.*
1950	*Der Protestantismus, Prinzip und Wirklichkeit.*
1951	*Systematic Theology* I (deutsch 1955).
1952	*Courage to Be* (deutsch: *Der Mut zum Sein* 1953).
1955–1962	University Professor in Havard.
1955	*Biblical Religion and the Search for Ultimate Reality* (deutsch *Bibli-*

	sche Religion und die Frage nach dem Sein 1956).
1956	Griechenland-Reise.
1957	*Systematic Theology* II (deutsch 1958).
1958	*Das Neue Sein* (*Religiöse Reden* 2. Teil).
1959	*Theology of Culture. – Frühe Hauptwerke*; Beginn der Veröffentlichung der *Gesammelten Werke.*
1960	Japan-Reise.
1962	Auszeichnung mit dem Friedenspreis des deutschen Buchhandels in der Paulskirche in Frankfurt a. M. – *Auf der Grenze.* Aus dem Lebenswerk Paul Tillichs. – *Symbol und Wirklichkeit. – Die verlorene Dimension.*
1962–1965	Nuveen Professor of Theology an der Divinity School der Universität Chicago.
1963	*The Eternal Now* (deutsch *Das Ewige im Jetzt, Religiöse Reden* 3. Teil, 1964). – *Systematic Theology* III (deutsch 1966). – Reise nach Israel und Ägypten. – *Christianity and the Encounter of the World Religions* (deutsch: *Das Christentum und die Begegnung der Weltreligionen* 1964).
1965	Letzte Vorlesung: *The Significance of the History of Religions for the Systematic Theologian* (deutsch: *Die Bedeutung der Religionsgeschichte für den Systematischen Theologen* 1967).
	22. Oktober: Paul Tillich stirbt an einem Herzversagen im Billings Hospital in Chicago.
1966	29. Mai: Endgültige Beisetzung im Paul-Tillich-Gedächtnispark in New Harmony, Indiana.

Zeugnisse

Fritz Medicus
Wenn auch Tillich an Schelling anknüpft, so nehmen doch seine Problemstellungen ihren Ausgang beim Leben von heute. Auch seine Sprache ist die heutige.

1925

Helmut Thielicke
Man täte Tillich unrecht, wenn man in seinem Denken nur eine philosophische Ontologie sähe, die lediglich «christliche Ideen» verarbeitet. Das wäre eine Fehldeutung schon deshalb, weil in der Herzkammer dieses Gedankengebenden etwas mitgeteilt wird, das der Mensch sich nicht selber sagen kann und das in der Terminologie der Überlieferung «Offenbarung» heißt.

1961

Otto Dibelius
Was uns Theologen an dem Lebenswerk Tillichs zunächst erregt, ist der Eindruck, daß hier von einem der Unsrigen mit unbedingter Redlichkeit und Energie philosophisch gedacht wird . . . Der Friedenspreis des deutschen Buchhandels konnte keinem Würdigeren zuteil werden als dem großen Seelsorger des innerlich ringenden Menschen von heute, dem Deutschen und Amerikaner, dem Theologen und Philosophen.

1962

Hans Jürgen Baden
Im systematischen Denken Paul Tillichs bleibt die Spannung zwischen Kritik und Gestalt erhalten. Tillich entwirft ein System, das – ich übertreibe nicht – zu den bedeutendsten religiösen Leistungen unseres Jahrhunderts zählt; aber dieses System ist nicht geschlossen, sondern es stellt sich unablässig der Kritik, die vom Ewigen her darüber ergeht. Das Haus der Wahrheit bleibt geöffnet für den Einbruch der Transzendenz – und erst als ein geöffnetes bleibt es Haus der Wahrheit im Sinne des Wortes.

1962

Joachim Günther
Soweit heute überhaupt ein Theologe und Philosoph es noch vermag, ein «representative man» seiner Epoche zu werden, dürfte dies Tillich gelungen sein.

1962

Heinz Zahrnt
Er hat in seiner Theologie die Ernte des antiken und christlichen Geistes des Abendlandes eingebracht. Aber er hat sie nicht eingeschlossen und aufbewahrt, sondern er hat sie verarbeitet und in Brot verwandelt für den Menschen von heute und morgen. Er hat die Vergangenheit «aufgehoben» für die Zukunft. Und die Zukunft in ihm ist mächtiger als die Vergangenheit.

1962

Thomas Altizer
Ich denke, Tillich war der einzige Theologe, der zu einem in unsere Zeit passenden, realistischen Denken fähig war. Er war der einzige, der genügend Mut besaß, dem säkularen Bewußtsein der Gesellschaft des 20. Jahrhunderts wirklich entgegenzutreten.

1965

Mircea Eliade
Tillich starb nicht am Ende seiner Karriere und in einem Augenblick, in dem er annehmen konnte, alles ihm Wesentliche gesagt zu haben. Im Gegenteil: Er starb am Anfang einer Erneuerung seines Denkens. So ist sein Tod zwar tragisch sowohl für den Theologen wie für den Religionswissenschaftler, aber er ist auch symbolisch.

1965

Wilhelm Weischedel
Nichts kennzeichnet den Standort Tillichs genauer als der Begriff der Grenze; dieser philosophische Theologe ist in einem exemplarischen Sinne ein Denker auf der Grenze.

1965

Dolf Sternberger
Wo er hinkam, war Universalität, Universität. Seine ganze Geistesart war im entschiedensten Sinne spekulativ – nicht analytisch, sondern synthetisch, nicht bohrend, sondern bauend, nicht polemisch, sondern umfassend . . . Niemals habe ich ihn eigentlich streiten und in diesem Sinne disputieren sehen. Immer hatte er Partner, immer entwickelte er sich im Austausch.

1965

Ulrich Neuenschwander
Paul Tillich ist einer jener modernen glaubenden Denker, die uns gezeigt haben, was es heißen und bedeuten kann, in unserer Zeit als kritischer und redlicher Mensch doch ein Glaubender zu sein.

1966

Max Horkheimer
Wer mit Paul Tillich umging, hat noch wahre Freundlichkeit erfahren ... Die Achtung, die wir Paul Tillich, dem großen Denker, erweisen können, wird, so glaube ich, vor allem dadurch bekundet, daß die Forderung, nicht gleichgültig zu bleiben, sondern entgegen den Tendenzen der Zeit, jenen Symbolen gemäß, für menschliche Beziehungen einzustehen, vernommen und verwirklicht wird.

1966

Theodor W. Adorno
Er hatte mit dem etwa durch Nietzsche vermittelten Bild des protestantischen Pfarrers nichts gemein ... jedenfalls nicht die moralinsaure, repressive Seite. Vor allem auch in seiner Beziehung zu Frauen und in der ganzen erotischen Schicht war dies Element ganz abwesend.

1966

Wolfgang Trillhaas
Was Paul Tillich wollte und war, läßt sich nicht leicht in eine für die Theologiegeschichte handliche Form fassen. Die Breite der Zuwendungen seines Interesses, die oszillierende Bewegtheit seines Denkens spiegelt sich in der Bewegtheit seines Wanderlebens, das aus Schicksal und eigener Planung drei Kontinente mit dem Netzwerk seiner Reiserouten überzogen hat. Immer war Gespräch ... Immer ist ihm Religion mehr als Theologie, Theologie nie in Fachgrenzen eingeschlossen, nie ohne philosophische Kontrolle ... So viel Tillich auch gesagt und geschrieben hat, das Ungesagte, Ungeschriebene, eben der Schatten, ist nicht minder groß und vielfältig. Und das ist's, was in die Zukunft weist und neue Aufgaben in sich birgt.

1966

Walter Uhsadel
Es wäre für eine deutsche Theologie, die so heftig Weltlichkeit fordert, sehr hilfreich, wenn sie sich Tillichs Kritik stellte.

1967

Trutz Rendtorff
Und so ist denn auch die Wirkung Tillichs die eines großen Anregers, der die produktive Phantasie zu beflügeln vermag. Seine Wirkung wird überall dort manifest, wo die Aufgabe gesehen wird, eine neue Definition der Kultur zu finden. Zwischen den Extremen einer in sich selbst verschlossenen Theologie und einer enthusiastischen Säkularität, die mit der Formel «Gott ist tot» die Aporien der Überlieferung loswerden möchte und dabei den Reichtum geschichtlicher Erfahrung verliert, hat Tillich dem Protestantismus einen Weg in die Zukunft gezeigt.

1968

Bibliographie

Eine ausführliche von 1909 bis 1973 reichende Bibliographie zum Gesamtwerk von Paul Tillich, erarbeitet von Renate Albrecht, Peter H. John und Gertraut Stöber, findet sich im Registerband der Gesammelten Werke Bd. XIV, S. 135f samt einer Übersicht über noch unveröffentlichte Materialien. Abgesehen von zahlreichen Einzelausgaben ist das deutsche Gesamtwerk im Evangelischen Verlagswerk Stuttgart erschienen.

1. Werke

1. Systematische Theologie

Band I	1. Teil: Vernunft und Offenbarung
	2. Teil: Sein und Gott
Band II	3. Teil: Die Existenz und der Christus
Band III	4. Teil: Das Leben und der Geist
	5. Teil: Geschichte und Reich Gottes

2. Gesammelte Werke

Herausgeber: Renate Albrecht

Band I	Frühe Hauptwerke
Band II	Christentum und soziale Gestaltung
	Frühe Schriften zum Religiösen Sozialismus
Band II	Das religiöse Fundament des moralischen Handelns
	Schriften zur Ethik und zum Menschenbild
Band IV	Philosophie und Schicksal
	Schriften zur Erkenntnislehre und Existenzphilosophie
Band V	Die Frage nach dem Unbedingten
	Schriften zur Religionsphilosophie
Band VI	Der Widerstreit von Raum und Zeit
	Schriften zur Geschichtsphilosophie
Band VII	Der Protestantismus in Kritik und Gestaltung
	Schriften zur Theologie I
Band VIII	Offenbarung und Glaube
	Schriften zur Theologie II
Band IX	Die religiöse Substanz der Kultur
	Schriften zur Theologie der Kultur
Band X	Die religiöse Deutung der Gegenwart
	Schriften zur Zeitkritik

Band XI	Sein und Sinn Zwei Schriften zur Ontologie und Ethik
Band XII	Begegnungen Paul Tillich über sich selbst und andere
Band XIII	Impressionen und Reflexionen Ein Lebensbild in Aufsätzen, Reden und Stellungnahmen
Band XIV	Bibliographie, Register und Textgeschichte der Gesammelten Werke

3. Ergänzungs- und Nachlaßbände zu den Gesammelten Werken

Band I	Vorlesungen über die Geschichte des christlichen Denkens Teil 1: Urchristentum bis Nachreformation Hg. von INGEBORG C. HENEL
Band II	Vorlesungen über die Geschichte des christlichen Denkens Teil 2: Aspekte des Protestantismus im 19. und 20. Jahrhundert Hg. von INGEBORG C. HENEL
Band III	An meine deutschen Freunde Die politischen Reden Paul Tillichs während des 2. Weltkriegs
Band IV	Korrelationen Die Antworten der Religion auf Fragen der Zeit Hg. von INGEBORG C. HENEL

4. Die religiösen Reden

1. Folge	In der Tiefe ist Wahrheit
2. Folge	Das Neue Sein
3. Folge	Das Ewige im Jetzt

5. Auswahlbände

Auf der Grenze. Aus dem Lebenswerk Paul Tillichs
(Auswahlband zur Friedenspreisverleihung). 1962
Der Mensch zwischen Bedrohung und Geborgenheit
Ein Tillich-Brevier, zusammengestellt und hg. von ERHARD SEEBERGER und GOTTHOLD LASSON. 1969

2. Sekundärliteratur

ADAMS, JAMES LUTHER: Tillichs Concept of the Protestant Era. In: The Protestant Era. Chicago 1948. S. 273–316
Paul Tillich's Philosophy of Culture, Science and Health. Chicago 1951
ALBRECHT, RENATE: Tillichs Auffassung vom universalen Heilen. In: Wege zum Menschen 24 (1972), S. 138–141
ALLWOHN, ADOLF: Psychotherapie und Theologie bei Paul Tillich. In: Wege zum Menschen 24 (1972), S. 126–132
BADEN, HANS JÜRGEN: Die Bedeutung Paul Tillichs. In: Paul Tillich. Stimmen zur Verleihung des Friedenspreises. Stuttgart 1962
BARZ, HELMUT: Jung und Tillich. In: Zeitwende – Die neue Furche 43 (1972), S. 359–371

BENKTSON, BENKT-ERIK: Christus und die Religion. Der Religionsbegriff bei Barth, Bonhoeffer und Tillich. Stuttgart 1967
BRAUER, JERALD C.: Paul Tillich's Impact on America. In: The Future of Religions. New York 1966
BRAUNE, WALTHER: Paul Tillich. Ein Gedenkvortrag. Berlin 1966
Konkrete Bedrohungen und die Mächtigkeit des Seins. In: Werk und Wirkung Paul Tillichs. Stuttgart 1967. S. 73–84
BUDDEBERG, SIEGFRIED: Paul Tillich und die Tiefenpsychologie in ärztlicher Sicht. In: Wege zum Menschen 21 (1969), S. 193–200
BÜRCKLE, HORST: Paul Tillich. In: Theologen unserer Zeit. Hg. von LEONHARD REINISCH. München 1965. S. 79–95
DIBELIUS, OTTO: Laudatio auf Paul Tillich. In: Paul Tillich. Stimmen zur Verleihung des Friedenspreises. Stuttgart 1962
DOERNE, MARTIN: Die Idee des Protestantismus bei Tillich. In: Zeitschrift für Theologie und Kirche 11 (1930), S. 206–225
EBERHARD, H.: Der Reich-Gottes-Begriff im Denken Paul Tillichs. Eine Studie zur Grundlage der Sozialethik, durchgeführt am Reich-Gottes-Begriff Paul Tillichs. [Diss.] Münster 1969
ELIADE, MIRCEA: Paul Tillich and the History of Religions. In: The Future of Religions. New York 1966
ELSÄSSER, HELMUT: Paul Tillich und die Tiefenpsychologie in theologischer Sicht. In: Wege zum Menschen 21 (1969), S. 201–212
Paul Tillichs Lehre vom Menschen als Gespräch mit der Tiefenpsychologie. [Diss.] Marburg 1973
Paul Tillich und die Psychoanalyse. In: W. SCHMIDT (Hg.), Die Bedeutung Paul Tillichs für die kirchliche Praxis. Stuttgart 1976. S. 9–25
FLÜGEL, HEINZ: Ein Skeptiker begegnet Paul Tillich. In: W. SCHMIDT (Hg.), Die Bedeutung Paul Tillichs für die kirchliche Praxis. Stuttgart 1976. S. 26–37
FORSTER, A.: Offenbarung und Natur bei Paul Tillich. In: Einsicht und Glaube. Hg. von J. RATZINGER und H. FRIES. Freiburg i. B. 1962. S. 150–162
FÖRSTER, H.: Die Kritik Paul Tillichs an der Theologie Karl Barths. [Diss.] Göttingen 1965
HAENDLER, OTTO: Paul Tillich, der Mensch. In: Werk und Wirkung Paul Tillichs. Ein Gedenkbuch. Stuttgart 1967. S. 47–72
HARTMANN, WALTER: Kritik und Gestaltung. Über Paul Tillichs Sicht des Protestantismus in der gegenwärtigen kirchlichen Situation. In: Monatsschrift für Pastoraltheologie 52 (1963), S. 329–340
Das theologische Werk Paul Tillichs. In: Evangelische Welt 15 (1965), S. 470f
Paul Tillich. In: Tendenzen der Theologie im 20. Jahrhundert. Hg. von H. J. SCHULTZ. Stuttgart 1966. S. 270f
HEDINGER, ULRICH: Der Freiheitsbegriff bei Paul Tillich und Karl Barth. In: Theologische Zeitschrift 19 (1963), S. 42–49
HEIMANN, EDUARD: Theologie, Fachwissen oder Grundwissen. In: K. HENNIG (Hg.), Der Spannungsbogen. Stuttgart 1961. S. 97–108
HENEL, INGEBORG C.: Kafka als religiöser Dichter. Eine Deutung auf Grund von Ideen und Begriffen Paul Tillichs. In: Werk und Wirkung Paul Tillichs. Stuttgart 1967. S. 167–184
HENNIG, KARL (Hg.): Der Spannungsbogen. Festgabe für Paul Tillich zum 75. Geburtstag. Stuttgart 1961

Paul Tillich, Leben und Werk. In: HENNIG (Hg.), Der Spannungsbogen. Stuttgart 1961. S. 171–186
HERTEL, WOLF: Existentieller Glaube. Eine Studie über den Glaubensbegriff von Karl Jaspers und Paul Tillich. Meisenheim 1971 (= Monographien zur philosophischen Forschung. 74)
HOLM, S.: Paul Tillich. Kopenhagen 1962 [dänisch]
HOMANS, PETER: Freud und Tillich als Marksteine auf dem Wege zu einer Religionspsychologie. In: Psychoanalyse und Religion. Hg. von E. NASE und J. SCHARFENBERG. Darmstadt 1977 (= Wege der Forschung. CCLXXV)
HORKHEIMER, MAX: Letzte Spur von Theologie, Paul Tillichs Vermächtnis. In: Werk und Wirkung Paul Tillichs. Stuttgart 1967. S. 123–132
HORTON, WALTER M.: Tillichs Role in Contemporary Theology. New York 1952
HUMMEL, GERT: Paul Tillichs theologische Anthropologie angesichts der Korrelation von Offenbarung und Geschichte. In: HUMMEL, Theologische Anthropologie und die Wirklichkeit der Psyche. Darmstadt 1972. S. 131–188
JASPERT, BERND: Zum Werk Paul Tillichs. In: Erbe und Auftrag. Benediktinische Monatsschrift 47 (1971), S. 325–328
KASCH, FRIEDRICH WILHELM: Die Lehre von der Inkarnation in der Theologie Paul Tillichs. In: Zeitschrift für Theologie und Kirche 58 (1961), S. 86f
KEGLEY, CHARLES W., und ROBERT W. BRETALL: The Theology of Paul Tillich. New York 1961
KREYSSIG, PETER: Paul Tillichs Theologie in ihrer Bedeutung für den Pfarrer. In: Werk und Wirkung. Stuttgart 1967. S. 107–122
Die Frage nach Gott im Denken Paul Tillichs. In: W. SCHMIDT (Hg.), Die Bedeutung Paul Tillichs für die kirchliche Praxis. Stuttgart 1976. S. 38–52
KRIEGSTEIN, MATTHIAS VON: Paul Tillichs Methode der Korrelation und Symbolbegriff. Hildesheim 1975
KÜGLER, D.: Der Beitrag Paul Tillichs zum Verständnis des Sozialismus. In: Christ und Sozialist 2 (1964), S. 5–15
LENGSFELD, PETER: Symbol und Wirklichkeit, die Macht der Symbole nach Paul Tillich. In: Bild, Wort, Symbol in der Theologie. Hg. von W. HEINEN. Würzburg 1969. S. 207–224
LILJE, HANNS: Paul Tillichs Bedeutung für das amerikanische Geistesleben. In: K. HENNIG (Hg.), Der Spannungsbogen. Stuttgart 1961. S. 149–169
LINDNER, REINHOLD: Grundlegung einer Theologie der Gesellschaft. Dargestellt an der Theologie Paul Tillichs. Hamburg 1960 (= Studien zur evangelischen Sozialtheologie und Sozialethik. VIII)
Der Begriff «latente und manifeste Kirche» in der Theologie Paul Tillichs. In: Das missionarische Wort 17 (1964), S. 206–208
LÖWE, ADOLF: Über eine dritte Kraft. Über das Verhältnis von theologischer und politischer Wissenschaft. In: K. HENNIG (Hg.), Der Spannungsbogen. Stuttgart 1961. S. 109–127
MANN, ULRICH: Denken und Offenbarung. Zum philosophisch-theologischen Werk Paul Tillichs. In: Zeitwende – Die neue Furche 30 (1959), S. 356–359
MARSCH, WOLF DIETER: Gott mitten in der Wirklichkeit. Zur Systematischen Theologie Paul Tillichs. In: Wege zum Menschen 11 (1959), S. 155–168
Theologie und Marxismus im Religiösen Sozialismus. In: Internationale Dialogzeitschrift 5/1972, Nr. 1, S. 6–23
MAY, ROLLO: Paulus. Reminiscences of a Friendship. New York 1973

Moritz, H.: Sein, Sinn und Geschichte beim frühen Tillich. [Diss.] Leipzig 1960
Müller, Adolf: Der Glaube in der Theologie von Paul Tillich. In: Evangelischer Glaube im Wandel der Zeit. Hg. von Th. Braun. Stuttgart 1967. S. 210–238
Müller-Schwefe, Hans Rudolf: Theologie in gewandelter Zeit. In: Werk und Wirkung Paul Tillichs. Stuttgart 1967. S. 85–94
Neuenschwander, Ulrich: Vom Gebrauch neuer Begriffe in der Theologie. In: K. Hennig (Hg.), Der Spannungsbogen. Stuttgart 1961. S. 63–85
Paul Tillich, der protestantische Denker. In: Werk und Wirkung Paul Tillichs. Stuttgart 1967. S. 95–106
Paul Tillich. In: Neuenschwander, Denker des Glaubens II. Gütersloh 1974. S. 61–88 (= Gütersloher Taschenbücher. 87)
Niebuhr, Reinhold: The Contribution of Paul Tillich. In: Religion in Life. Vol. VI. 1937, S. 574–581
Nörenberg, Klaus Dieter: Analogia Imaginis. Der Symbolbegriff in der Theologie Paul Tillichs. Gütersloh 1966
Oberdieck, F.: Der religiöse Sozialismus des Kreises um Paul Tillich. [Diss.] Göttingen 1949
O'Meara, T. A., und C. D. Weisser (Hg.): Paul Tillich in Catholic Thought. London 1966
Pauck, Wilhelm: The Sources of Paul Tillich's Richness. In: The Future of Religions. New York 1966
Pauck, Wilhelm, und Marion Pauck: Paul Tillich. His Life and Thought. Vol. I. New York 1976 – Deutsche Ausgabe: Stuttgart 1978
Philipp, Wolfgang: Die epizyklische und ostkirchliche Theologie Paul Tillichs. In: Werk und Wirkung Paul Tillichs. Stuttgart 1967. S. 133–150
Progoff, Ira: The Man who Transforms Conciousness. The Inner Myths of Martin Buber, Paul Tillich and C. G. Jung. In: Eranos-Jahrbuch XXXV. Zürich 1967. S. 99–144
Reetz, Ulrich: Das Sakramentale in der Theologie Paul Tillichs. Stuttgart o. J. (= Calwer Theologische Monographien. Reihe B, Bd. 2)
Reitz, Rüdiger: Paul Tillich und New Harmony. Stuttgart 1970
Rendtoff, Trutz: Paul Tillich. In: W. Schmidt (Hg.), Unbefangenes Christentum. Deutsche Repräsentanten und Interpreten des Protestantismus. München 1968. S. 141–154
Rhein, Christoph: Paul Tillich. Philosoph und Theologe. Stuttgart 1957
Röhr, H.: Christentum und Marxismus bei Paul Tillich. In: Christ und Sozialist 3 (1974), S. 6–13
Rosenthal, Klaus: Das Problem des Personalismus in der Gotteslehre Paul Tillichs. In: Evangelische Theologie 19 (1959), S. 431f
Rössler, Andreas: Die Predigttheorie Paul Tillichs. [Diss.] Tübingen 1971
Das Symbolverständnis Paul Tillichs in seiner Bedeutung für die kirchliche Praxis. In: W. Schmidt (Hg.), Die Bedeutung Paul Tillichs für die kirchliche Praxis. Stuttgart 1976. S. 53–77
Rothert, Hans Joachim: Die Bedeutung Paul Tillichs für die Frömmigkeit des modernen Menschen. In: Werk und Wirkung Paul Tillichs. Stuttgart 1967. S. 151–166
Scharfenberg, Joachim: Paul Tillich und der geistige Horizont des gegenwärtigen Verhältnisses von Psychoanalyse und Religion. In: Wege zum Menschen 24 (1972), S. 121–125

Schedler, Kenneth: Natur und Gnade. Das sakramentale Denken in der frühen Theologie Paul Tillichs (1919–1935). Stuttgart 1970

Schmidt, E.: Gedanken zu Paul Tillichs philosophischer Theologie. In: Neue Zeitschrift für Systematische Theologie 5 (1963), S. 97f

Schmidt, Walter (Hg.): Die Bedeutung Paul Tillichs für die kirchliche Praxis. Stuttgart 1976

Schmitz, J.: Die eschatologische Theologie Paul Tillichs. Mainz 1966

Schnübbe, Otto: Theologisches Begegnungsdenken bei Paul Tillich. In: Lutherische Monatshefte 3/1964, Nr. 3, S. 150–159

Schwerdtfeger, E.: Die politische Theorie in der Theologie Paul Tillichs. [Diss.] Marburg 1969

Siegfried, Theodor: Was heißt «Natürliche Offenbarung»? Eine Auseinandersetzung mit Tillichs «Grundoffenbarung und Heilsoffenbarung». In: K. Hennig (Hg.), Der Spannungsbogen. Stuttgart 1961. S. 87–96

Staehelin, Balthasar: Auf der Suche nach einem neuen Menschenbild. Vom Beitrag Paul Tillichs. In: Wege zum Menschen 24 (1972), S. 133–138

Tamuru, N.: Motive und Struktur der Theologie Paul Tillichs. In: Neue Zeitschrift für Systematische Theologie 3 (1961), S. 1f

Thielicke, Helmut: Paul Tillich. Wanderer zwischen zwei Welten. In: K. Hennig (Hg.), Der Spannungsbogen. Stuttgart 1961. S. 11–24

Tillich, Hannah: From Time to Time. New York 1973

From Place to Place. Travels with Paul Tillich, travels without Paul Tillich. New York 1976

Track, Joachim: Der theologische Ansatz Paul Tillichs. Eine wissenschaftliche Untersuchung seiner Systematischen Theologie. Göttingen 1975 (= Forschungen zur systematischen und ökumenischen Theologie. 31)

Trillhaas, Wolfgang: Die Grenze und das Ganze. Zum Gedenken an Paul Tillich. In: Theologische Literaturzeitung 1966, S. 561–568; ferner in: Trillhaas, Perspektiven und Gestalten des neuzeitlichen Christentums. Göttingen 1975

Uhsadel, Walter: Protestantisches Prinzip und katholische Substanz. Erwägungen zur Ekklesiologie Paul Tillichs. In: Zeitwende – Die neue Furche XXXVIII (1967), S. 586–592

Ulrich, T.: Ontologie, Theologie, gesellschaftliche Praxis. Studien zum religiösen Sozialismus Paul Tillichs und Carl Mennickes. Zürich 1971

Wehr, Gerhard: Ansätze zu einer wirklichkeitsnahen protestantischen Theologie – Paul Tillich. In: Die Christengemeinschaft 34 (1962), S. 152f

Weischedel, Wilhelm: Paul Tillichs philosophische Theologie. Ein ehrerbietiger Widerspruch. In: K. Hennig (Hg.), Der Spannungsbogen. Stuttgart 1961. S. 25–47

Weitbrecht, Oskar: Von Karl Barth zu Paul Tillich. Eine Wende in der Geschichte der evangelischen Theologie. In: Freies Christentum 18 (1966), S. 181f

Wendland, Heinz Dietrich: Der religiöse Sozialismus bei Paul Tillich. In: Marxismusstudien, 4. Folge. Hg. von I. Fetscher. Tübingen 1962. S. 163–195

Was bedeuten Tillichs Thesen über den Protestantismus. In: Neue Zeitschrift für Systematische Theologie 5 (1963), S. 192–213

Winkler, R.: Die Theologie des Philosophen Tillich in seinem Buch «Religiöse Verwirklichung». In: Christentum und Wissenschaft 6 (1930), S. 212–220

Winter, G.: Paul Tillichs Frage nach dem Sinn des Lebens und die Krise des

bürgerlichen Geschichtsbewußtseins. In: Deutsche Zeitschrift für Philosophie 16/1969, Nr. 3, S. 312f
WOLFF, O.: Paul Tillichs Christologie des Neuen Seins. In: Neue Zeitschrift für Systematische Theologie 3 (1961), S. 129f
ZAHRNT, HEINZ: Paul Tillich, ein Grenzgänger. In: Paul Tillich. Stimmen zur Verleihung des Friedenspreises des deutschen Buchhandels. Stuttgart 1963. S. 36–43
Die Sache mit Gott. Die protestantische Theologie im 20. Jahrhundert. München 1966. S. 382–466

Namenregister

Die kursiv gesetzten Zahlen bezeichnen die Abbildungen

Danksagung

Nach Abschluß des Manuskriptes überprüfte Frau Renate Albrecht, langjährige Mitarbeiterin Paul Tillichs und Herausgeberin seiner *Gesammelten Werke*, die biographischen Angaben an Hand der ihr vorliegenden Dokumente. Das ist um so verdienstvoller, als manche Daten aus dem Leben Tillichs an anderer Stelle nicht immer zweifelsfrei mitgeteilt wurden. Für diese Mithilfe sowie für die Besorgung seltener Fotos danke ich herzlich.

Mein Dank gilt auch dem Evangelischen Verlagswerk Stuttgart, namentlich den Herren Willy Collmer und Pfarrer Walter Schmidt, für wichtige Hinweise.

Schwarzenbruck bei Nürnberg
im Oktober 1977

Gerhard Wehr

Über den Autor

Gerhard Wehr, Jahrgang 1931, Ausbildung und Einsatz als Diakon in der evang.-luth. Landeskirche Bayerns; jetzt freier Schriftsteller, wohnt in Schwarzenbruck bei Nürnberg. Publikationen: «Martin Buber» (Reinbek 1968), «C. G. Jung» (Reinbek 1969), «Jakob Böhme» (Reinbek 1971), «C. G. Jung und Rudolf Steiner» (Stuttgart 1972), «Wege zu religiöser Erfahrung. Analytische Psychologie im Dienste der Bibelauslegung» (Olten–Freiburg i. B. 1974), «Christusimpuls und Menschenbild. Rudolf Steiners Beitrag . . .» (Freiburg i. B. 1974), «Esoterisches Christentum» (Stuttgart 1975), «C. G. Jung und das Christentum» (Olten–Freiburg i. B. 1975), «Veränderung beginnt innen. Gestalten und Dimensionen christlicher Spiritualität» (Stuttgart 1977), «Der deutsche Jude Martin Buber» (München 1977), «Der Chassidismus» (Freiburg i. B. 1978), «Der anthroposophische Erkenntnisweg» (Freiburg i. B. 1978), «Fr. Chr. Oetinger» (Freiburg i. B. 1978), «Karl Barth» (Gütersloh 1979), «Jan Hus» (Gütersloh 1979).

Außerdem editorische Arbeiten, vor allem am Werk Jakob Böhmes (Freiburg i. B. 1975f), «Zeugnisse christlicher Esoterik» (Schaffhausen 1976f), «Thomas Müntzer: Schriften und Briefe» (Gütersloh 1978). Mitarbeit u. a. in «Die Großen der Weltgeschichte» (Zürich 1970f) und «Die Psychologie des 20. Jahrhunderts» (Zürich 1977f).

Quellennachweis der Abbildungen

Folgende Abbildungen sind vom Ullstein-Bilderdienst, Berlin: 15, 21, 23, 26, 30, 34, 39, 44, 46, 50, 53, 55, 58, 59, 63, 65, 67, 68, 71, 74, 76, 78, 83, 86, 93.

Alle übrigen Vorlagen stellte uns Frau Renate Albrecht, Düren, zur Verfügung.

rororo bildmonographien

Betrifft: Philosophie Religion

Sri Aurobindo
Otto Wolff [121]

Ernst Bloch
Silvia Markun [258]

Jakob Böhme
Gerhard Wehr [179]

Dietrich Bonhoeffer
Eberhard Bethge [236]

Martin Buber
Gerhard Wehr [147]

Buddha
Maurice Percheron [12]

Cicero
Marion Giebel [261]

Friedrich Engels
Helmut Hirsch [142]

Erasmus von Rotterdam
Anton J. Gail [214]

Franz von Assisi
Ivan Gobry [16]

Gandhi
Heimo Rau [172]

Georg Wilhelm Friedrich Hegel
Franz Wiedemann [110]

Martin Heidegger
Walter Biemel [200]

Johann Gottfried Herder
Friedrich Wilhelm Kantzenbach [164]

Max Horkheimer
Helmut Gumnior und Rudolf Ringguth [208]

Karl Jaspers
Hans Saner [169)

Jesus
David Flusser [140]

947/1

Johannes der Evangelist
Johannes Hemleben [194]

Immanuel Kant
Uwe Schultz [101]

Sören Kierkegaard
Peter P. Rohde [28]

Georg Lukács
Fritz J. Raddatz [193]

Martin Luther
Hanns Lilje [98]

Karl Marx
Werner Blumenberg [76]

Thomas Müntzer
Gerhard Wehr [188]

Friedrich Nietzsche
Ivo Frenzel [115]

Paulus
Claude Tresmontant [23]

Platon
Gottfried Martin [150]

Ramakrischna
Solange Lemaître [60]

Jean-Jacques Rousseau
Georg Holmsten [191]

Friedrich Daniel Ernst Schleiermacher
Friedrich Wilhelm Kantzenbach [126]

Arthur Schopenhauer
Walter Abendroth [133]

Sokrates
Gottfried Martin [128]

Spinoza
Theun de Vries [171]

Rudolf Steiner
Johannes Hemleben [79]

Pierre Teilhard de Chardin
Johannes Hemleben [116]

Voltaire
Georg Holmsten [173]

Simone Weil
Angelica Krogmann [166]